Versant intime

La forme du monde

Dans la même collection

Michel Butor, *La Mémoire des sentiers*, 2018.
Philippe Claudel, *Le Lieu essentiel*, 2018.
Marie-Hélène Lafon, *Le Pays d'en haut*, 2019.

Belinda Cannone

La Forme du monde

Essai

ARTHAUD

Sous la direction de Fabrice Lardreau

87, quai Panhard-et-Levassor
75647 Paris Cedex 13

ISBN : 978-2-0814-3041-9

Va doucement, petit escargot
Tu es sur le Fuji

Haïku

Philosophie de la montagne

Enfant, je lisais parfois une bande dessinée dont le héros était un surfeur d'argent, humanoïde à la peau métallique, qui dérivait sur sa planche, entre les planètes, en exil. Image poignante, toute de solitude et de mélancolie, que j'ai gardée en mémoire sans être tout à fait sûre, plus tard, de ne pas l'avoir inventée ou du moins largement remaniée. Avec le temps, ce surfeur d'argent est devenu pour moi l'emblème de la condition humaine : nous étions des êtres flottant dans l'univers, orphelins d'un sens qui nous échapperait à jamais. À quoi bon vivre ?

Mais au fil du temps, je me suis rendu compte que cette figure restituait une vision faussée de l'existence : parce que nous sommes des êtres de désir, nous ne glissons pas sans but entre les planètes, nous marchons, nous nous déplaçons pour aller quelque part, ou plus exactement nous sommes en mouvement. Mouvement assez périlleux au demeurant que celui de la marche, un pied levé, l'autre au sol mais qui déjà le quitte, le déséquilibre menaçant constamment de nous faire tomber – mais non, nous ne tombons presque jamais... Marcher, désirer : j'ai compris que la question du sens de l'existence était mauvaise car elle n'appelait, en guise de réponse, que le sentiment de l'absurde. Lorsqu'on désire, ou qu'on est joyeux, se demande-t-on jamais à quoi bon vivre ? On vit et tout semble à sa place. Le désir est la réponse en acte à la question du sens. Le sens est le désir. Le désir est joie et sens. Ainsi ai-je contesté la validité de l'image du surfeur et, en 2000, j'ai fait de cette conversion d'une pensée de l'absurde à une pensée du désir le chapitre inaugural de mon premier essai, *L'Écriture du désir*.

Êtres de mouvement, êtres de désir, nous marchons donc. Si la marche a fourni si naturellement plusieurs métaphores de ma petite philosophie de l'existence, c'est que je suis une marcheuse, et particulièrement une marcheuse de montagne. Ici, je dois tout de suite préciser que je fréquente seulement la montagne d'été, celle qui propose fleurs et oiseaux, herbe, terre, animaux aux sabots légers ou au poil roux, champs de velours vert, ruisseaux et torrents, chemins. La glisse sous toutes ses formes ne m'attire pas, ne me tente jamais (n'ai-je pas répudié le surfeur d'argent ?) – ce n'est pas moi qu'on verra sur un deltaplane, un surf ou un skateboard ! Et si j'ai un peu aimé le ski de fond, c'est parce qu'on y marche beaucoup. De même que dans la mer j'aime nager (progresser par battements de mes bras et jambes – barboter ne me dit rien), j'aime marcher dans la montagne, avançant pas à pas, goûtant l'effort lent et régulier qui met mon corps en mouvement – je n'ai jamais envie d'être portée. Je suppose que ce genre de goût témoigne toujours d'une configuration intime : la manière dont nous tirons plaisir de notre corps est un puissant révélateur de notre personnalité. Je reconnais que la marche en montagne peut sembler une activité bizarre et vaguement solipsiste : on ne va nulle part, le but qu'on s'est fixé n'en est pas vraiment un – il est juste le point d'où l'on reviendra, par le même chemin ou par une boucle – et la plupart du temps marcher demande un effort considérable. Rude est le chemin qui grimpe, raide, brûlant parfois, douloureuses les jambes qui s'obstinent… Et pourtant, cet effort est un plaisir.

Voici une chose qu'on ne pourra jamais expliquer à qui n'aime pas marcher : la montée comporte, on le sait d'avance, des moments de souffrance, et pourtant on a désiré y aller et malgré cette souffrance on y trouve une forme de plaisir – ou plutôt le plaisir la traverse quand même… Un jour que je me plaignais des affres que suscitait mon travail en cours – un début de roman, rien de plus difficile que le commencement, quand on a l'impression d'être devant un désert à traverser (toujours l'image de la marche !) –, quelqu'un m'a dit, moqueur : « Mais il faut arrêter d'écrire si c'est si pénible ! » Eh bien non, il ne faut surtout pas arrêter, car rien ne donne autant le plaisir de se sentir vivant que l'intensité de l'écriture, l'intensité de la marche (si ce n'est l'amour).

Dans les années 2000, alors que je changeais ma vie, j'ai éprouvé le besoin de me transformer en profondeur et j'ai pris conscience que j'avais vécu en faisant trop d'efforts – mon existence manquait de grâce, de facilité, de danse. C'est encore la montagne qui m'offrit une image pour restituer cette fatigue. Je me disais qu'enfant, on m'avait montré l'Everest et invitée à en atteindre le sommet tout en me disant : « Va, nous savons que tu peux y arriver, nous avons foi en toi, mais hélas, nous ne disposons d'aucune carte ni gourde ni boussole ni parka pour t'aider dans ton ascension. » Par cette invitation, on me proposait de viser un très grand rêve, de brûler d'un immense désir, mais on ne me fournissait aucun moyen, hors l'amour et la confiance, pour un tel voyage. J'y suis allée, j'ai tenté, je tente, de vivre une vie digne de ce nom, une « vie haute », dis-je, puisque cet amour de mes parents m'avait propulsée, mais quelle épuisante entreprise ! Alors, au tournant du siècle, connaissant mieux cartes et boussoles, j'ai voulu trouver une manière d'avancer plus légère, plus aérienne, plus gracieuse, j'ai voulu essayer de danser ma vie – deuxième conversion philosophique.

J'ai toujours aimé danser mais, passé un certain âge, les occasions en sont rares sous nos latitudes. Et puis chance, à partir de 2010, j'ai pu apprendre le tango, devenu une grande passion. Bien que je l'aie entendu dire de nombreuses fois, il m'a pourtant fallu quelques années pour réaliser ce fait étonnant : le tango est une marche. Comme le dit mon professeur, apprendre à marcher, au tango, prend dix ans… Ainsi donc, parmi toutes les danses que j'aurais pu pratiquer – et nonobstant le fait que celle-ci est selon moi la plus belle, la plus intense et celle qui exige d'être en exceptionnelle connivence avec son partenaire –, parmi toutes les danses, j'ai choisi celle qui était une marche. Danser une marche, marcher en dansant. Quand j'ai pris conscience de cette continuité, j'en ai été étonnée. Mais je n'aurais pas dû l'être. Ma grande question ayant toujours été « comment avancer debout sur la Terre », les images et les pratiques que j'invente au fil du temps ne peuvent être que conformes aux suggestions contenues dans cette formulation.

Glisse, puis marche, puis danse. En songeant au mouvement de mon existence, à ces deux conversions qui en précèdent peut-être une troisième – celle qui admettra, au sein du désir qui me jette trop vite vers l'avant, la prééminence de l'ici et maintenant –, je retrouve mon mode habituel de pensée : du sensible à l'intelligible. L'expérience vécue, celle qui engage le corps-esprit, est le terreau sur lequel s'élève l'abstraction, la généralisation, la philosophie. Lorsque récemment j'ai écrit *S'émerveiller*, je n'ai cessé de passer de ces expériences d'émerveillement modeste (le soleil sur la haie, un merle dans les rues de Paris) à la réflexion sur cette émotion. Je constate d'ailleurs que tous mes essais sont ainsi bâtis, à l'image de mon existence qui repose sur ce trajet du vécu à la pensée : je me rends sans cesse raison de l'expérience.

Le corps-esprit : c'est de cette entité unitaire que sourdent toute expérience et toute pensée. Rares sont les moments qui ne l'engagent pas dans sa totalité. Il arrive, quand je pense (je réfléchis, j'écris) que mon corps soit au repos, inactif et imperceptible, mais en revanche, toute activité du corps est spirituelle. Lorsque je marche, dans la haute solitude de la montagne, mon esprit est transformé en raison de ce que je vois mais aussi du simple fait de l'exercice du corps, il s'élargit et envisage l'existence autrement. Expérience proche de celle de l'écoute de la musique, art si physique – résonances, rythmes, vibrations – qui, modifiant profondément ma pensée, me fait respirer plus haut, plus librement, plus justement (les petits tracas semblent alors peu de chose, la vie m'apparaît dans sa grandeur et sa dignité, comme dépassant les aléas des jours).

Ainsi, marcher n'est pas qu'une activité physique puisque mon esprit s'y déploie autrement. J'ai d'ailleurs souvent utilisé l'image de la marche pour parler de cette pratique purement intellectuelle, l'écriture, et plus exactement l'écriture romanesque – je n'écris guère de nouvelles car mon goût me porte plutôt vers les formes longues, j'aime mieux l'endurance que la vitesse. Écrire au long cours implique la régularité, le labeur retrouvé chaque matin, la patience – combien de patience ! –, ainsi qu'une sorte de mesure. La marche en montagne me paraît un assez juste équivalent de cette activité : la pente m'obligeant à accroître mon effort, j'éprouve avec plaisir la résistance du sol qui tend mes muscles et ajoute à l'effort ordinaire de la marche l'intensité – mon orient.

Provoquer l'intensité. C'est aussi pour cela que j'ai longtemps couru, jusqu'à ce que mes articulations me l'interdisent. Courir, mais non pas vite (ce serait voler), courir sans hâte, frapper le sol régulièrement, avoir le temps de regarder, jouir de la belle machine qui progresse sans à-coups mais avec force – oui, oui, j'aime avancer debout sur la Terre et la sentir si ferme sous mes pieds que ma tête s'échappe aux étoiles.

Au sein du Tout

Ma rencontre inaugurale avec la montagne, à dix-sept ans, est restée gravée en moi sous la forme d'une vision : sur le chemin de Vars (dans les Hautes-Alpes), où les parents de mon ami m'avaient invitée à aller skier, m'apparut soudain l'énormité de la montagne enneigée. Je dis *énormité* parce que je ne sais ni décrire le spectacle ni en exprimer l'effet considérable sur moi. Aujourd'hui je parlerais plutôt de sublime – colossal, dépassant mes possibilités de description, grandiose et bouleversant, élevant mon esprit et comme l'anoblissant… Événement intérieur capital, je revois la pierre et la neige et le ciel brumeux qui me donnaient le sentiment de découvrir à la fois une autre dimension du monde et une autre relation avec lui.

Ensuite, c'est ce sentiment de grandeur qui s'imposera toujours dans ma perception de la montagne.

Mais soudain, démêlant l'écheveau de mes souvenirs, je comprends que cette vision n'est pas exactement ma première expérience de la montagne. J'étais allée, les deux années précédentes, en camp d'adolescents à Autrans dans le Vercors. Est-il trop peu élevé ? trop peu impressionnant ? Le massif ne m'a pas donné l'impression du sublime, comme le fera la haute montagne l'année suivante, à telle enseigne qu'il ne s'est pas présenté à mon esprit lorsque je cherchais le premier souvenir… Mais c'est que l'expérience fondatrice fut celle qui, me dévoilant les hauts sommets, m'éleva – celle du sublime.

L'été suivant je suis allée randonner dans l'Oisans, faisant connaissance avec la haute montagne d'été. Nous étions quatre, deux jeunes couples, tentes, réchauds, etc. J'avais emporté un appareil photo qui me servit à fixer l'abondante flore des Alpes : je ne savais pas encore que je deviendrais jardinière, bien plus tard, et je crois que mon amour des fleurs naquit sur ces pentes. Je me souviens avoir aussi dessiné (pourtant pas mon fort), pour essayer de restituer l'impression profonde provoquée par les plans successifs formés par les alignements de crêtes s'enfonçant dans le lointain brumeux.

Mais surtout, cette randonnée fut ma première expérience (sur trois) du sentiment océanique. Je l'ai racontée deux fois déjà, je me contenterai donc de me citer : « Nous nous étions arrêtés sur le plateau d'Emparis qui domine une vaste étendue où la vue se perd vers l'horizon. Soudain je suis devenue une vague, en continuité avec le Tout qui m'entourait, élément de l'univers dont je ne me distinguais pas et qui était absolument là, calme, silencieux, évident et plein. Je dis une *vague* parce que depuis, j'ai découvert la belle formule par laquelle Romain Rolland a désigné cet état, le *sentiment océanique* [1], mais à l'époque je ne la connaissais pas et n'associais

---

1. On trouve la première occurrence de l'expression dans une lettre de Romain Rolland à Sigmund Freud le 5 décembre 1927 : « Mais j'aurais aimé à vous voir faire l'analyse du sentiment religieux spontané ou, plus exactement, de la sensation religieuse qui est [...] le fait simple et direct de la sensation de l'éternel (qui peut très bien n'être pas éternel, mais simplement sans bornes perceptibles, et comme océanique). »

aucune image à ma situation. Du reste, je ne *pensais* pas et je ne cherchais pas de mots. [...] Je ne sais combien ont duré ces moments, quelques minutes je crois. À aucun instant je n'ai perdu de vue les objets du monde qui m'entourait, et d'ailleurs il ne *m'entourait* plus car j'étais mêlée à sa pâte et je n'avais plus le sentiment de moi-même qui m'aurait permis de distinguer un sujet percevant et un monde perçu. J'eus l'impression d'une vérité qui habituellement m'échappait, vérité qui ne l'était pas plus que la conscience de mon être individuel et séparé, lequel est vrai aussi mais autre, les deux coexistant : le reste du temps je me sentais séparée, mais j'étais pourtant *aussi* cette vague, simplement je n'en avais pas conscience [1]. »

Cette expérience venait répondre exactement à ma vision de la montagne enneigée l'hiver précédent, dont elle était comme l'aboutissement. Car la première fois j'avais éprouvé le sentiment du sublime qui, tout en m'atteignant au plus intime, me laissait encore *devant* le spectacle grandiose. Cette fois, allongée sur le plateau d'Emparis, soudain saisie, j'étais

1. *S'émerveiller*, Stock, 2017, p. 65-67.

dedans. Mais il s'agissait d'une question de degré, l'émerveillement (devant les fleurs, les ruisseaux clairs, la qualité de l'air, etc.) en étant le tout premier sur cette échelle d'une aventure métaphysique. Émerveillement – Sublime – Sentiment océanique. Je crois.

La dernière fois que j'ai vécu à nouveau le sentiment océanique, j'étais devant une gorge encaissée en Corse – la montagne encore. Ainsi s'exprime le très puissant lien spirituel (parole d'athée) qui m'attache à la montagne. Expérience unique de la grandeur du monde que d'autres, je peux l'imaginer, connaissent peut-être devant le désert ou la mer. J'ai écrit *grandeur du monde*, il faudrait parler de l'univers, qui nous inclut, humains qui le traversons et sommes capables de le voir et le dire. Or, à rester confinés dans les villes, nous manquons d'ouvrir notre esprit à ce qui, beaucoup plus vaste que nous, nous transforme et transforme notre manière d'habiter sur Terre.

Il faut sans doute des circonstances intérieures favorables pour parvenir au sentiment océanique. Par exemple, dans le désert de Wadi Rum en Jordanie, j'ai reconnu un de ces lieux où j'aurais pu l'éprouver à nouveau

– mais non, mystère de ces dispositions secrètes. Ce désert est formé de colossales éminences rocheuses de grès et de granit, anciennement creusées par l'eau, aux belles couleurs ocre, brunes et rouges, très majestueuses – toujours cette faiblesse de l'expression qui parvient mal à décrire ce que j'ai senti devant ce que je voyais. D'ailleurs, je me rappelle, en même temps que la joie liée à cette nouvelle manifestation du sublime, un peu de souffrance : la beauté extrême est douloureuse, je ne sais pourquoi. Par impossibilité de la retenir ? Comme expérience accélérée de la fugacité de l'existence ? Je suis vivante, au sein de ce monde désirable, et je passerai, comme s'achèvera tout à l'heure ma rencontre avec cette splendeur. Peut-être aussi parce que chez moi, la force d'une émotion exige toujours d'être convertie – il faudrait, dans un deuxième temps, en « faire quelque chose » (*comment taire* ?). Or, on ne peut pas passer son temps à fixer ses émerveillements. Et cet irrépressible besoin de les partager ne s'explique-t-il pas en partie ainsi : « Regarde ! Regarde ! », dit-on à qui nous accompagne, avec l'espoir secret et informulé de lui faire porter avec nous le fardeau de la beauté.

Je ne dis rien du Vercors… Je l'ai aimé, pourtant, mais tranquillement. Ses paysages étaient paisibles et doux. J'y ai surtout connu l'envers de la montagne, ses entrailles, puisque j'y fis ces deux années-là l'expérience (forte mais sans suite) de la spéléologie. Effroi maîtrisé de cet enfermement dans les boyaux étroits – comment être sûre du retour ? –, descente, obscurité, humidité… En réalité, la crainte est rétrospective. En situation je n'avais pas peur, tout en sachant que je l'aurais pu. Mais le ventre de la montagne n'est pas la montagne, et même si j'y ai reconnu l'émotion spécifique liée à la confrontation avec l'élémentaire, cet effroi ne s'accompagnait pas, comme dans le sublime, du sentiment de la grandeur.

Et à propos d'entrailles : récemment je suis allée visiter la section « minéralogie » du Muséum d'histoire naturelle, pour m'émerveiller. Je me suis émerveillée. Quelle inventivité à l'œuvre dans la nature ! Quelle diversité dans la structure des minéraux ! Mais ce sont les couleurs, surtout, qui m'ont frappée. J'ai confusément tendance à les associer au vivant – poissons, fleurs, oiseaux – et donc à l'éphémère. Ce jaune fluo, ce rose électrique, ces bleus et ces verts – couleurs inattendues des roches. Le temps long n'exclut donc pas, dans ses œuvres, la fantaisie chromatique.

Intéressante survenue, dans mon cheminement, de cette notion d'élémentaire. En y réfléchissant, il me semble qu'elle correspond à une dimension importante du sentiment de la montagne, qui s'accorde parfaitement à ma perception. Lorsque je regarde le chaos pétrifié – strates, plissements, élèvements, fouillis, élongements, hausses, nappes, creusements –, j'éprouve immanquablement un saisissement devant l'étrange contraste entre la riche variété des formes et l'élémentaire roche qui la soutient. Ce spectacle suscite en moi une confuse rêverie des origines, des temps de la formation du monde. À Annecy, par exemple, quand, le lac s'interposant, les sommets sont proches mais assez à distance pour former tableau, je crois voir le travail incessant du remuement de la pierre, à la fois imperceptible car s'effectuant dans une temporalité échappant à mes sens humains, et visible dans le tohu-bohu des couches.

Par parenthèse, essayer de mettre des mots sur des sentiments-sensations aussi puissants mais jusqu'alors informulés me demande depuis le début de ce livre un effort considérable. Je cherche laborieusement, non pas mes idées – je les connais à peu près – mais à creuser leur contenu réel et leurs harmoniques – un effort... de marcheuse de montagne.

Deux temporalités cohabitent donc. Celle, rêvée, des origines, temps de l'élémentaire qui vit surgir les montagnes du sol, formidable surrection dont témoigne le plissement des strates. Bien sûr, je sais que ce travail de la poussée terrestre est continu et que les montagnes n'ont pas « surgi » – les Alpes sont nées de la collision des continents africain et européen il y a 100 millions d'années et elles ont commencé à s'élever au-dessus du niveau de la mer il y a 30 millions d'années... Mais je parle ici de rêverie, que ces données scientifiques chiffrées ne font d'ailleurs qu'accentuer. La deuxième temporalité est celle qui se prolonge sous mes yeux dans un mouvement impondérable (environ un millimètre par an). En contrepoint de ces pensées me vient immédiatement à l'esprit une œuvre fascinante de Bill Viola, *The Greeting* (1995). Le vidéaste a repris plusieurs éléments d'un tableau de Pontormo (*La Visitation*, 1528-1530) dans lequel la Vierge

Marie rend visite à sa cousine Élisabeth : les deux femmes s'étreignent dans la rue tandis que deux autres derrière elles assistent à la scène. La vidéo étire les quarante-cinq secondes de filmage de cette étreinte en plus de dix minutes, par extrême ralenti et par répétition qui ont pour effet saisissant de rendre conscient le processus de contemplation de la peinture. Au lieu que nos yeux circulent dans l'œuvre (et quoiqu'ils le fassent aussi), l'œuvre bouge sous nos yeux – mais avec une lenteur qui est, presque, celle de la contemplation – et de ce *presque* naît la conscience.

Viola rend donc manifeste notre relation avec l'immobilité de tout tableau en animant lentement celui-ci. Dans le même ordre d'idées, mais à l'inverse, le chaos des roches rend visible la poussée terrestre qui n'est pas humainement perceptible. Tiens, je me demande si les oiseaux ou les marmottes, si sensibles aux mouvements tectoniques, dit-on, perçoivent la croissance des Alpes… Non, la temporalité géologique n'est pas celle des vivants.

LE TEMPS LONG

Rien d'important n'arrive jamais qui ne soit en premier lieu un phénomène temporel. Je pourrais écrire un livre de ma vie (de toute vie) dont les chapitres auraient pour titres Accélération – Lenteur – Présent – Suspension – Brièveté – Origines – Utopie – Passé – Avancée – Ralentissement, etc. Dans la marche d'altitude, qui est aussi une affaire de temps, on déroule une sorte d'immense ruban où chaque enjambée vaut une fraction de temps et où chaque but peut s'exprimer en temps d'accès. Ainsi, en avançant sur les sentiers, éprouvons-nous dans notre pas, dans notre corps, le passage du temps.

Pendant des années, dix au moins, les dernières du siècle précédent, je suis allée à Chamonix en été. J'ai cessé quand j'ai eu l'impression, le jour de mon arrivée, d'avoir quitté le Mont-Blanc la veille. Bien que ne goûtant pas particulièrement l'aventure, la répétition (tiens, un autre titre possible pour ce livre de ma vie) finit toujours par provoquer en moi une sourde angoisse, comme si au bout de la succession de ses occurrences se profilait la mort elle-même. À présent, ma mémoire-passoire ayant fait son office, je brûle d'y retourner pour renouer avec cette beauté.

Nous réservions toujours à l'hôtel Richemond une belle chambre où les propriétaires, sachant que le matin nous écrivions, avaient soin de disposer une deuxième table. Nous accompagnaient, j'ose à peine l'avouer, deux belles chattes grises et touffues qui prenaient leurs vacances d'altitude…

En fin de matinée, nous partions avec un pique-nique. Tel jour, le col de Balme, très large et doucement arrondi, les alpages musicaux de Charamillon avec leurs vaches portant clarines (ici, un souvenir étrangement puissant, celui d'un enfant inconnu qui me tendit – ou à mon compagnon – sa petite main pour qu'on l'aide à passer un ruisseau – confiance qui me procura le sentiment d'une élection merveilleuse) ; un autre jour c'était le barrage d'Émosson et son grand lac, suivis plus loin du vieil Émosson. Plus tard j'ai admiré aussi celui de la Grande-Dixence, en Suisse. C'est très beau, un barrage, on en éprouve de l'estime pour les hommes, capables de telles prouesses techniques. Et puis ces millions de litres d'eau retenus, un frémissement nous vient, on frôle le sublime… Une nouvelle randonnée nous conduisait le long des sentiers de velours vert, des chalets et des moraines, des glaciers qu'on voyait, le cœur serré, raccourcir d'année en année ; puis c'étaient les escarpements arides du Brévent, la Pierre à Bérard avec son petit refuge sous un énorme rocher (souvenir d'un orage formidable qui aurait dû m'inquiéter plus qu'il ne le fit, mais à l'époque je croyais que la foudre n'atteignait jamais les humains), Sa Majesté la mer de Glace elle-même, le train du Montenvers (autre souvenir, ici, d'un retour dans une joie si grande que j'ai descendu le chemin en courant, et donc en sautant puisque à chaque pas je retombais un peu plus bas : il a fallu aller à l'hôpital, plus tard, tant j'avais malmené mes genoux)… Impossible de restituer, sauf à écrire un guide, la variété des sentiers et des spectacles que proposent la vallée et ses alentours.

Ce que je voulais surtout raconter : chaque année, au cours de la promenade qui nous emmenait au-dessus du village des Houches, au mont Lachat, nous avions coutume de faire une halte dans un antique chalet où nous prenions une limonade. (Pendant que j'écris, je le recherche sur l'Internet mais j'ai tort, quoi qu'il soit advenu de ce chalet, cela me chagrinera – je renonce.) Pour rien au monde nous n'aurions manqué cette visite au très vieux couple qui le tenait. Le chalet avait eu une autre vie dont témoignaient ses nombreuses chambres, mais il ne faisait plus office que de buvette – comment, si âgés, ces gens auraient-ils pu s'occuper d'un refuge ? Nous les appelions « les deux vieux » avec grande affection, et chaque année nous les quittions sans être certains de les retrouver la fois suivante. Je ne crois pas que nous ayons beaucoup parlé avec eux, ou de choses très anodines, du temps, des visiteurs, une fois nous avons visité les chambres… Mais ils étaient très importants pour nous car ils représentaient (outre, peut-être, l'amour durable) un temps révolu, le temps d'avant les mutations accélérées que nous constations dans la vallée – le temps stable. Quand je pense à eux, je les associe toujours au cosmos et au ciel propre (peut-être ai-je eu cette idée chez eux, à moins qu'ayant eu cette idée un jour, ils me soient venus aussitôt à l'esprit), au ciel avant que des centaines de satellites y croisent. Je m'en suis souvent désolée : à présent, lever les yeux vers la voûte céleste ne nous donne plus, ou moins, le sentiment du temps long, car elle n'a plus cette admirable immuabilité qui permettait sans doute à nos ancêtres d'être conscients de leur place fugace dans l'éternité d'un univers constant. Sachant que leurs aïeux au fil des générations avaient contemplé le même ciel, les mêmes étoiles fixes, la lune se levant aux mêmes endroits (selon les saisons) et le soleil aussi, quelle merveilleuse valeur ils devaient accorder à notre précarité, et quelle humilité, si opposée à notre hubris, devait être la leur.

Face au temps long, le sentiment vif de notre impermanence. La montagne et le cosmos sont les deux « lieux » dont le spectacle me fait éprouver le sentiment de la durée. D'où mon regret quand s'y inscrivent les traces de notre humanité, c'est-à-dire de notre brièveté. J'ai vu les Ménuires en août : montagne entaillée, râpée, balafrée, portant les stigmates de notre société, une désolation !

Nos deux vieux incarnaient la montagne. Ils étaient l'emblème de cette temporalité longue.

Autre image forte de la durée : le matin, s'il faisait beau, les hôteliers installaient dans la cour une très vieille dame, si vieille qu'on devinait à peine qu'elle était femme, les cheveux courts, ridée et le corps sec comme un sarment de vigne. On la laissait sur son fauteuil et elle ouvrait… *Le Monde.* Image fascinante : cette dame au bord de la vie lisait son journal *in extenso*, immobilisée mais s'intéressant passionnément au monde comme il va, jusqu'au bout reliée. Elle m'a donné à penser à propos du delta de l'existence, le moment où le fleuve de la vie rejoint le grand tout et s'y dilue, et j'ai écrit un roman [1] mettant en scène une femme de cent quatre ans dont elle était l'admirable modèle secret.

Et encore, à propos de permanence : alors que je rêve peu de voyages, je voudrais depuis longtemps aller en Mongolie. Je la vois

1. *Lent Delta*, Verticales, 1998.

comme un plateau désert, une terre au climat extrême, mais surtout comme un lieu préservé où vivent encore quelques animaux sauvages et un peuple aux traditions ancestrales. Bulle temporelle. Par désir de Mongolie j'ai créé, dans mon roman *Entre les bruits*, un personnage nommé Oulan dont le rêve est aussi de s'y rendre. Comme ce serait toute une entreprise d'organiser ce voyage, en attendant j'ai trouvé un bel exutoire dans l'Aubrac, plateau âpre que son isolement préserve du tourisme et que je vois comme une sorte de petite Mongolie. Il en a la dimension minérale et le climat – ne raconte-t-on pas qu'en hiver, sortant inconsidérément de sa maison, on peut avoir en un instant les poumons gelés ? Quand j'y suis, j'ai l'impression d'un privilège.

Si le prestige de la montagne, à mes yeux, tient à ce qu'elle est traversée par ces multiples temporalités, il est une autre de ses dimensions, non moins capitale, qui lui confère une grande importance. Je l'ai comprise en cherchant à me rendre raison de mon émotion (fréquente, mais cette fois je fis effort pour l'analyser), tandis que j'allais d'Arolla vers le

Pas de Chèvres, dans le Valais. Au fil de l'ascension, une belle montagne, sur l'autre versant de la vallée, se révéla progressivement dans toute sa masse et m'apparut comme un cône gigantesque : je puis dire qu'elle « prit forme » tandis que je m'élevais, son dessin d'ensemble ne me devenant perceptible que quand j'eus atteint une certaine altitude. Ce n'est pas qu'elle était si belle, d'ailleurs. Mais voici l'intérêt de prendre de la hauteur : la forme du monde, cachée pour le passant des fonds de vallée, nous apparaît miraculeusement à mesure que nous montons. À la réflexion, elle devait être assez somptueuse, cette montagne, car je me rappelle m'être émue d'un petit banc, vraiment tout seul sur un épaulement, posé devant la majesté de la chaîne comme au bord de l'infini.

Bien sûr, il n'y a pas une forme mais des formes diverses qui, ailleurs qu'en montagne, sont presque toujours invisibles – souterraines. Mais voici ce que j'essaie d'exprimer par ces mots de « forme du monde » : habituellement, nous marchons *sur* le monde et, qu'il soit plat ou vallonné, nous le percevons (si nous prenons le temps d'y songer) comme une surface amorphe qui soutient nos pieds. Tandis qu'au cours de l'ascension, ses figures se révèlent, extraordinairement variées, et nous prenons conscience que le monde a une forme. Il est du reste très difficile de décrire ces multiples figures : immenses formes coniques, arcs de sommets formant de vastes cuvettes ou vasques, pointes, dents carrées ou en crochet, plissements, éboulis de pierres, épaulements, combes, petits plateaux, glaciers cascadant ou retenus sur des sommets plats, alpages en délicats vallonnements, escarpements, boursouflures, nappes – fastueuse variété qu'offre la montagne et que je ne peux d'ailleurs mémoriser, même quand je suis devant le tableau : que je ferme les yeux une seconde et le spectacle m'étonne à nouveau. Mais ce que j'apprends alors : ce monde, que je perçois ordinairement comme un faisceau de routes soutenant notre avancée, supportant aussi des forêts, des champs, des oiseaux et toutes sortes de merveilles, certes, mais semblant n'être qu'un *support*, ce monde surgit soudain et, dans sa surrection, montre la prodigieuse diversité des formes, des matériaux et des architectures dont il est susceptible, la prolixité de ses rythmes, la fantaisie de ses agencements… Et, si je m'autorisais un peu d'anthropomorphisme, je dirais : quelle majesté m'apparaît alors, quelle grandeur !

Même le panorama si bien connu de la Sainte-Victoire me donne le sentiment d'un privilège. Lorsque mon train arrive dans ses parages et que soudain je la vois, avec sa façon penchée d'avoir poussé, pente douce sur une face et abrupte sur l'autre, sa ligne de crête régulière, sa manière d'attraper la lumière selon l'heure, je ressens une excitation particulière, comme si une grâce m'était accordée. La découvrant, je la reconnais sans que mon étonnement soit entamé – malgré Cézanne et sachant que le peintre nous a peut-être appris à l'aimer autant que nous l'aimons parce qu'il a fixé son évidence : elle est avant tout une forme, reconnaissable entre toutes, et je me dis : Quelle chance ! quelle chance ! je vois la Sainte-Victoire.

Depuis tout à l'heure, je cherche à décrire cette émotion fugitive et puissante et je peine, parce que ce que j'essaie de faire revient à analyser ce qui constitue l'émerveillement, ses composants atomiques. Difficile de discerner ces microaffects. Mais oui, la petite montagne de la Sainte-Victoire m'émerveille.

La beauté est la forme du monde.

LA MER

Je n'étais pas vouée à la montagne.

C'est la Méditerranée, sur toutes ses rives et ses îles, qui a nourri mon imaginaire d'enfant. Mon père vient d'une famille sicilienne, ma mère est corse, je suis née en Tunisie et j'ai grandi à Marseille. Cette multiplicité des lieux originels explique sans doute que j'aie l'impression de n'avoir aucune terre d'où je vienne vraiment, aucun endroit du monde dont je puisse dire : « Ici, c'est chez moi. » Peut-être parce que je viens d'une mer ?

C'est par la Méditerranée que mes aïeux quittèrent la Sicile pour la Tunisie à la fin du XIXe siècle puis, trois générations plus tard, au début des années 1960, la Tunisie pour la France. Prendre la mer, c'était toujours aller vers l'inconnu, le nouveau, c'était rebattre les cartes de l'existence… Voilà pourquoi nous n'étions chez nous nulle part, partout et tout le temps nous venions d'ailleurs, pas un village, pas un territoire auquel nous fussions attachés, pas une guerre qui ait été celle de notre patrie (puisque, affectivement, l'Italie même ne le fut pas vraiment), nuls opprobre ou fierté à partager avec un peuple. Être de nulle part a ses inconvénients, dont un léger sentiment d'imposture, plus fréquent que chez d'autres. Mais aussi ses avantages : un sentiment de liberté extrême, l'idée que pour vivre il faut se réinventer sans cesse, l'impossibilité de croire à certaines chimères comme le nationalisme ou l'identitarisme, cette virulente maladie contemporaine. Être soi ? Qu'est-ce donc ? La communauté est un espace trop étroit et la seule que je reconnaisse est l'européenne, parce qu'elle a inventé l'Universel. Sinon, j'ai toujours eu le sentiment exaltant d'habiter la maison commune, c'est-à-dire le vaste monde dont je suis une passante.

Mais partir, c'est s'exiler et, n'en ayant pourtant aucun souvenir, je crois avoir intériorisé la connaissance de la douleur qui fut celle de mes parents en quittant la Tunisie. Je me sais traversée par le fantasme singulier d'être une sorte de rescapée, et je suppose que je l'ai construit sur le bateau par lequel nous quittions les rives de l'Afrique du Nord.

Ces quelques données biographiques expliquent sans doute la sorte de paradoxe qui me conduit à percevoir la Méditerranée sous un jour tragique, tandis que la montagne m'apparaît toujours comme un lieu solaire.

Je me rappelle combien la mer était violente et sombre, l'hiver à Marseille, et d'ailleurs, dans le Cotentin, j'ai choisi de ne pas vivre près des côtes. Je les sais à quelques kilomètres de ma maison des champs, proximité relative qui me plaît, mais je préfère pouvoir choisir d'y aller si l'envie m'en vient. Aussi : ma mère, pure Méditerranéenne, a toujours déclaré que la montagne l'angoissait. Bien que je ne le partage pas, je comprends ce sentiment, d'ailleurs assez répandu. Récemment, une amie normande devant qui j'évoquais ce livre me disait, en secouant les épaules d'effroi : « Ces masses noires qui nous écrasent... » Toutes deux se sentent désagréablement dominées là où je me sens aspirée vers le haut et dans une respiration plus ample – il m'arrive quelquefois, en montant les sentiers, d'écarter brièvement les bras, comme pour étreindre le monde et accentuer l'élargissement général de mon corps-esprit…

J'avais commencé à écrire, tout à l'heure, « Cette prédominance de la mer explique que j'aie rencontré la montagne assez tard », mais j'ai dû rectifier : j'ai bel et bien rencontré des sortes de montagnes dès mon enfance. Je reprends donc. Nous habitions aux limites de Marseille à une époque où la ville avait déjà absorbé les villages environnants tandis que s'attardaient quelques reliques des temps anciens et de nombreuses poches de nature – un champ d'herbes sauvages, de coquelicots et de *spigaou* (graminées), un lavoir, des collines couvertes d'une houle de genêts odorants, deux gros rochers près de la route, une « campagne », c'est-à-dire une maison de maître entourée de pins, où trônait un fastueux magnolia – où donc la nature subsistait, toute proche, entre les zones bâties, ou bien dominait, plus loin mais à portée de marche. Le loisir favori de ma famille consistait en de longues promenades vers la « montagne verte » (une colline verdoyante) ou la « montagne rouge » (une colline de pure argile qui était une carrière à ciel ouvert – aujourd'hui elle a été arasée pour supporter un centre commercial).

Nous partions derrière mon père, souvent accompagnés de gamins du voisinage, la plupart du temps en commençant par suivre la voie ferrée. Plaisir de la marche ensoleillée et de l'exotisme de cette « montagne verte », dans mon souvenir très agricole et lointaine même pour nos pas d'enfants infatigables, plaisir des découvertes et des retrouvailles sur le chemin – une petite usine et une maison abandonnées, l'odeur du ballast, une source, une clairière, des canaux d'irrigation, des points de vue inattendus, la douceur soyeuse de l'argile dont mes mains se souviennent encore… J'ai été dès l'enfance formée à la randonnée et au désir des éminences (à ce stade bien modestes). Ainsi, tandis que j'étais tôt initiée à l'ardente obligation de sillonner un monde si beau, j'ai acquis la capacité d'émerveillement et le goût de la liberté que procure la marche.

Et le souci écologique. Je peux dire que je l'ai appris au berceau. Car concevoir, ainsi que le faisait mon père, le monde comme la maison commune, entraînait le devoir de le choyer, de le préserver et de s'y comporter en hôtes respectueux. J'aime d'ailleurs passionnément, dans la montagne, l'impression de fraîcheur et de propreté, de pureté même qui s'en dégage. Ces tapis d'herbes et de plantes basses, ces sentiers moelleux, ces rochers décorés de lichens, ces ruisseaux clairs et l'air délicieux me donnent le sentiment d'avancer dans un monde préservé du désastre causé « en bas » par notre hubris et notre désinvolture. D'où l'inquiétude sourde, à Chamonix, devant la rétractation des glaciers perceptible d'une année sur l'autre – confirmation que même dans cet ultime havre la nature subit les conséquences de notre irresponsabilité.

J'ai souvent écrit que j'attendais une loi qui établirait qu'on ne peut couper à son gré les arbres parvenus à une certaine hauteur, c'est-à-dire à un certain âge car, devenus des torches de temps, ils n'appartiennent plus à quelqu'un mais à tous : le temps n'est pas une propriété privée. J'espère maintenant que les lois, et peut-être les Constitutions, permettront que des entités naturelles telles que glaciers, forêts, littoraux, fleuves, etc., deviennent sujets de droit et qu'on puisse en leur nom porter plainte contre leur dégradation. Je ne soutiens évidemment pas la croyance irrationnelle qui prête à la nature une personnalité morale, une « âme », ou qui établit une stricte équivalence entre l'homme et les autres espèces. Je propose de considérer la planète comme un bien commun (appartenant à l'humanité tout entière) dont les intérêts entrent souvent en conflit avec ceux de la propriété privée. À ce titre, instaurons un droit qui soit en réalité un droit du collectif, de l'ensemble des hommes, visant à protéger la nature, c'est-à-dire aussi l'humanité à venir. La nouveauté que j'espère ne consiste donc pas à personnifier des éléments du monde naturel pour leur donner un statut juridique, mais à fixer fermement les droits d'une « propriété commune » là où pour l'instant les arsenaux juridiques ne défendent que la propriété privée [1].

---

1. Michel Serres a été parmi les premiers à émettre des propositions de ce type, notamment dans *Le Contrat naturel* (Le Pommier, 1re éd. 1990, Champs Flammarion, 1999). C'est d'ailleurs le sens d'un jugement historique rendu le 5 avril 2018 par la Cour suprême de la Colombie, qui a ordonné au gouvernement de mettre fin à la déforestation, lui rappelant

C'est du reste une vive source de plaisir, en montagne, que l'impression de pouvoir se déplacer librement. Dans la plaine, peu d'espaces qui ne soient propriétés privées avec interdiction (ou autorisation) de passage. Même si les alpages et les bois ont sans doute des propriétaires, on y a le sentiment rare d'un espace ouvert où il est loisible de baguenauder à son gré.

Baguenauder dans les alpages… l'image ne convient guère. Monter est parfois rude et cheminer dans les pierriers ne va pas sans péril. Mais je voulais distinguer la randonnée de cette autre pratique, l'alpinisme, qui ne m'intéresse guère car elle contrarie ce que je recherche dans la marche : un état flottant qui, quoique incluant l'effort, reste assez doux et régulier pour que mon esprit soit libre de

son devoir de protéger la nature et le climat au nom des générations présentes et futures. La Haute Cour, qui avait déjà statué en 2016 que le fleuve Atrato, très pollué, avait des « droits » à la protection et à la conservation, a également déclaré que l'Amazonie bénéficie de droits juridiques et de protection : il s'agit bien là de justice sociale, mais intergénérationnelle, et donc de défense des droits de l'homme.

vagabonder. Le marcheur est un être pensif. Pas l'alpiniste, tout entier concentré sur la difficulté à vaincre. Je dois cependant reconnaître que j'aime la folie de ces « conquérants de l'inutile », d'autant qu'à ma modeste façon je me sens des leurs. J'ai toujours vu une proximité entre leurs paris dangereux et l'activité des écrivains. Celle-ci peut être *utile* : contrairement à la gratuite conquête d'un sommet tibétain, la littérature espère transformer le monde – disons. Mais qu'elle réussisse à avoir cet effet n'est rien moins qu'assuré et je me dis parfois que, si mon talent n'est pas à la hauteur de mon désir – ce que je ne saurai probablement jamais –, j'aurai peut-être passé mon existence à une activité très vaine, alors que tant de plaisirs et de gratifications diverses étaient à ma portée. Dans l'alpinisme, on peut perdre la vie. Dans la littérature, si lente et requérant tant de temps, on peut dilapider sa vie. Bref.

La littérature de la montagne est bien moins variée que celle de la mer, notamment parce qu'elle consiste principalement en récits d'alpinisme. En général, ceux-ci sont très techniques, narrant surtout des prouesses assez répétitives. Autre chose le récit de mer.

Depuis *L'Odyssée* jusqu'à Conrad en passant par Melville ou Stevenson, le périple maritime offre des variations infinies. La mer elle-même est monotone pourtant. Comme la montagne elle est irreprésentable, non parce qu'elle est sublime (elle l'est aussi) mais parce qu'elle présente un aspect trop uni – il est frappant de constater que, dans sa matérialité, elle ne devient motif pour le peintre ou le photographe qu'au moment où elle rejoint la terre : c'est le plus souvent à ses franges que l'élément liquide retient l'attention. Mais le voyage, lui, est passionnant. Question d'enfant et des marins primitifs : qu'y a-t-il de l'autre côté ? D'autres terres, d'autres peuples. Sur les bateaux voyagent des hommes de désir, avides d'inconnu, espérant se réinventer ou trouver la baleine blanche, attirés par l'altérité ou par un nouveau monde… Par la mer on part à la rencontre du monde. Et surtout, on *va quelque part*. On ne sait pas toujours où, mais justement, l'émerveillement est peut-être au bout de l'océan.

Si le récit maritime est un récit d'aventures, tendu par la difficulté du franchissement et par la promesse de la découverte, rien de tel dans le récit de montagne. Car on n'y va nulle part : où qu'on se rende, la plupart du temps on en reviendra. On ne découvre personne : c'est avec soi-même qu'on a rendez-vous, soi-même qu'on éprouve (dans les deux sens du terme, sentiment et épreuve). Il n'y a guère là de quoi nourrir un récit à sensation. Cheminement intérieur et vive conscience de soi sont au principe de la marche d'altitude. On en trouve description dans *La Nouvelle Héloïse*, écho de la traversée du Valais que fit Jean-Jacques Rousseau en 1744 – un des premiers témoignages du goût pour la montagne qui allait se développer à partir du XVIIIe siècle :

> Ce fut là que je démêlai sensiblement dans la pureté de l'air où je me trouvais la véritable cause du changement de mon humeur, et du retour de cette paix intérieure que j'avais perdue depuis si longtemps. En effet, c'est une impression générale qu'éprouvent tous les hommes, quoiqu'ils ne l'observent pas tous, que sur les hautes montagnes, où l'air est pur et subtil, on se sent plus de facilité dans la respiration, plus de légèreté dans le

corps, plus de sérénité dans l'esprit ; les plaisirs y sont moins ardents, les passions plus modérées. Les méditations y prennent je ne sais quel caractère grand et sublime, proportionné aux objets qui nous frappent, je ne sais quelle volupté tranquille qui n'a rien d'âcre et de sensuel. Il semble qu'en s'élevant au-dessus du séjour des hommes, on y laisse tous les sentiments bas et terrestres, et qu'à mesure qu'on approche des régions éthérées, l'âme contracte quelque chose de leur inaltérable pureté. On y est grave sans mélancolie, paisible sans indolence, content d'être et de penser… [1]

Content d'être et de penser : dans la cinquième des *Rêveries du promeneur solitaire* [2], Rousseau décrira plus précisément ce vif sentiment de l'existence qu'il identifie au bonheur. Le mouvement régulier de la barque dans laquelle il est allongé, sur le lac de Bienne, mouvement qui provoque et permet

1. Jean-Jacques Rousseau, *La Nouvelle Héloïse* in *Œuvre complètes*, tome II, Gallimard, 1964, « Bibliothèque de la Pléiade », p. 78.

2. Jean-Jacques Rousseau, *Rêveries du promeneur solitaire*, « Ve Rêverie », Gallimard, 1959, « Bibliothèque de la Pléiade ».

cette sereine jouissance de soi, n'est pas sans rapport avec la tranquillité de la marche, qui rend grave sans mélancolie, et paisible.

J'ai donc évoqué la mer pour parler de la montagne, succombant une nouvelle fois à ma manie de me placer à l'extrême bord de mon sujet, voire sur une rive opposée, pour mieux le décrire par ce qu'il n'est pas.

Mais, heureuse conjoncture, j'ai écrit ce chapitre dans un village corse. Par la fenêtre dans mon dos, la mer. Dans celle de droite, une montagnette (haute d'un millier de mètres). À sa crête, une couronne de rochers gris et noirs. Juste au-dessous, des pentes d'un vert intense dont le contraste avec le gris et le noir de la roche réjouit l'œil. Des étendues sombres – forêts incendiées peut-être –, des creux et des ravines, des blocs affleurants, tout un désordre et une variété qui rendent chaque fois la montagne si intéressante à détailler. La beauté de cette île tient précisément à l'union si rare de la montagne et de la mer, chacune visible depuis l'autre.

Merleau-Ponty a eu cette belle formule que j'entends surtout, bien qu'elle en ait d'autres, dans sa dimension poétique : « Nous sommes voués au monde. » Somme toute, j'étais vouée à la montagne.

Hauts lieux

J'aime la solitude, je la recherche et je la choie. Dans le silence et l'isolement, mon esprit devient plus fécond, j'invente plus aisément, je me concentre et trouve les circonstances propices à l'émerveillement. L'émerveillement qui m'intéresse est celui que je qualifie de modeste : non parce qu'il manquerait de puissance mais parce qu'il est suscité par des spectacles humbles – à notre portée quotidienne. Surtout, il n'est rendu possible que par un état intérieur favorable – concentration, vigilance, ouverture, disponibilité à l'hors-de-soi et à l'instant présent. État qui exige un travail sur moi, car ma situation intérieure la plus habituelle consiste à être la proie de mon désir de faire, de vivre, d'avancer – un désir qui m'entraîne souvent dans un mouvement trop rapide pour que j'aie le temps de m'émerveiller.

Je force le trait car, si loin que je me souvienne, je me suis toujours émerveillée, mais je crois que la tâche qui m'incombe pour les années à venir est d'apprendre à ralentir, comme le petit escargot sur le mont Fuji – ne cherché-je pas depuis longtemps à acquérir un véritable savoir-vivre ?

La montagne dispense d'avoir à trouver cet état : elle oblige. Lorsque je monte, le spectacle est si puissant et si captivant que j'accède à l'émerveillement quelle que soit ma situation intérieure de départ. Commencer à marcher, c'est entendre en soi la joie lever.

Je me rappelle un alpage émerveillant dans le Valais : nous avions d'abord pris un sentier trop bas et il avait fallu en rejoindre un autre en montant à la verticale. Trois Suissesses, égarées comme nous, nous avaient bien dit qu'on pouvait « gentiment » marcher sur les très denses buissons de myrtilles : la montée, rude, nous fit sentir le décalage linguistique dans les mollets. Une demi-heure plus tard, au bout du sentier, apparut l'alpage d'Essertze. Vallonnements doux, petits lacs verts, et même une *gouille*, terrifiante comme dans les légendes : l'eau en rejaillit tout au bas de la vallée, à Sion, nous informèrent les trois marcheuses, et les bêtes qui y tombent n'en ressortent jamais. Un panneau d'information indiquait la présence d'une multitude de plantes, d'oiseaux et d'animaux. Quel regret de ne pas rester plus longtemps ! J'aurais pu y passer plusieurs jours et, comme Rousseau herborisant avec délectation sur l'île de Saint-Pierre, éprouver un bonheur parfait à identifier les fleurs, à guetter les animaux et à apprendre à les reconnaître.

Espace délimité, l'alpage a presque toutes les caractéristiques que l'ancienne rhétorique, et la littérature occidentale d'Homère jusqu'au XVIIIe siècle, ont prêtées au *locus amoenus*, le lieu plaisant : une prairie, un ruisseau, des fleurs et des oiseaux. Il n'y manque la plupart du temps que des arbres… Et je trouve en effet profondément réjouissantes ces prairies doucement bosselées, d'un vert de velours constellé de fleurs, si paisibles. Parce qu'il se présente parfois comme une sorte d'île, l'alpage offre la possibilité d'une connaissance complète de ses richesses. Je ne sais pourquoi, mais cette exhaustivité est source d'une intense satisfaction. Rousseau, pris par sa « ferveur botanique », n'écrit-il pas qu'il ne veut pas « laisser un poil d'herbe, pas un atome végétal qui ne fût amplement décrit »[1] ? Peut-être parce qu'ainsi le monde est ramené à nos dimensions ou parce que cette complétude procure le mirage d'une maîtrise de l'univers. J'aimerai toujours connaître le nom des animaux, des fleurs ou encore des sommets plus ou moins lointains qu'on voit depuis certains « panoramas ». Car l'émerveillement veut savoir, veut des noms, et même des chiffres et des explications. De là son lien avec la philosophie, dit Platon : on s'étonne – on s'émerveille –, ce qui engendre le désir de comprendre et d'apprendre. Je reste pourtant surprise de ce souhait – cette quasi-manie – de connaître les noms. Pourquoi vouloir à ce point nommer le monde ? Pour le fixer dans la mémoire, bien sûr. Mais aussi parce que, passant du monde, tout m'en échappe si je n'y applique pas le langage.

Je me souviens que la première rencontre de cette randonnée dans le val d'Hérens fut un modeste chardon qui se dressait au bord du sentier. Non, un chardon majestueux – majestueux et banal. J'avais éprouvé ce pincement au cœur qui me vient chaque fois de

1. Jean-Jacques Rousseau, *Rêveries du promeneur solitaire*, « Ve Rêverie », *op. cit.*, p. 1042-1043.

l'émerveillement et qui en est le deuxième temps. Que faire de cette beauté ? Comment me résoudre à passer mon chemin ? Je pris mon téléphone et le photographiai. Exutoire. Voilà pourquoi j'ai consacré tant de temps, lors de mon premier tour de l'Oisans, à photographier la flore. C'était déjà le désir de saisir sa joliesse. J'évoquais plus haut le « fardeau de la beauté » : on ne peut exclure que cette légère angoisse qui nous rend avides de la fixer soit la métonymie de la grande, celle qui nous étreint devant la fugacité de l'existence – tout ce désir, tout ce plaisir, cette splendeur, et mourir ?

Mourir, mais pas avant d'avoir embrassé le monde. Nous avions croisé deux mulets sur le sentier, près d'un chalet au-dessus du lac des Dix. Ils attendaient sans doute la charge qu'ils transportent ou rapportent du barrage à partir duquel les routes et donc les véhicules les rendent inutiles. Gris, maussades (?), immobiles. Ils me firent songer que jouir de l'effort est le propre de l'homme. Aucune bête ne se livre à des efforts inutiles, j'imagine. Quand on les y oblige, les animaux domestiques sont capables d'en faire de prodigieux, mais aucun, domestique ou sauvage, ne le ferait pour jouir de la contraction de ses muscles, du contrôle de la respiration, de la limite de la fatigue repoussée. En contrepartie, je suppose qu'aucun n'admire les paysages…

Écrivant ce qui précède, je revois soudain les bonds et les cavalcades, les courses gratuites des chats, des chiens, des chevaux… Tous les êtres vivants dépensent – dilapident – joyeusement leur énergie, car ils fêtent ainsi la vie qui bat en eux. Mais autre chose est l'effort continu, à la limite du pénible, non pas le fruit d'un élan, mais celui d'une décision, et dont la réalisation est lente. Lorsque la marche devient difficile, la fatigue lourde, je souhaite ardemment d'être arrivée. Pourtant, au moment où je peine le plus, même si j'en avais la possibilité, je ne ferais rien pour abréger mon parcours. Je veux réaliser mon intention jusqu'au bout. Plaisir étrange qui passe par une forme de souffrance, je crois que l'effort relève du *jeu*. Par ce terme je veux décrire une activité gratuite, c'est-à-dire sans visée utilitaire, ne répondant pas à un besoin, mais à un désir. « L'homme est une création du désir, non pas une création du besoin », écrit Gaston Bachelard dans *La Psychanalyse du feu*. Par le jeu, qui est une manifestation du désir, nous inventons le réel et le configurons à notre guise, nous éprouvons notre force et notre résistance. Ainsi nous savons-nous éminemment vivants, et libres.

J'aurais aimé pouvoir marcher seule. Cette concentration qui récompense l'effort de la marche en altitude, cette centration qui permet d'être à la fois recueillie, rassemblée en soi-même et le regard projeté loin au-dehors, à la rencontre du monde, s'atteint plus aisément seule. La solitude crée en soi une merveilleuse caisse de résonance, un état de réceptivité à nul autre pareil. Hélas, j'ai peur. Je ne m'inquiète jamais dans la foule, car j'ai la naïveté ou l'optimisme de croire qu'il s'y trouvera toujours quelqu'un pour me défendre : j'ai peur dans l'isolement. Je connais des femmes courageuses (ou téméraires), mais il en est de nombreuses qui redoutent comme moi d'être victimes d'un salaud ou d'un fou de passage. Lorsque je monte, je sais bien que dans ces hautes solitudes, il y a vraiment peu de chances d'en croiser un, mais le pli est pris au fond de la vallée : alors je ne marche jamais seule et le regrette.

Sur les sentiers, on se salue, « Bonjour ! Bonjour ! », témoignant qu'on appartient à la même communauté, celle des randonneurs. Et puis on se frôle, parfois on s'arrête sur le bas-côté pour laisser passer de plus rapides, alors on est polis. Mais plus on monte, plus les humains se raréfient, et cette solitude est un des grands plaisirs de la montagne. Je me rappelle mon dépit, voire mon scandale, lorsqu'au terme d'une longue ascension, parvenue au cœur d'un paysage sublime, je découvris dans le refuge une ribambelle d'enfants bruyants. Avoir fait cet effort, s'être portée à ces hauteurs où l'on s'attend à trouver des personnes calmes et méditatives, pour y subir le vacarme ! C'était choquant comme une fanfare municipale dans une église.

Méditation, église ? Quand on arrive en si haut lieu, au sommet du monde, la joie devient grave, elle exige silence et solitude. On ne parvient jamais sans un tremblement à la *finis terræ*.

Finis terræ verticale.

En relation

Géantes minérales et monstres colossaux, glaciers sonores et bleus glissant dans le désordre de leurs séracs, profusion des végétaux, des animaux qui nous fuient ou nous observent prudemment (ces cornes de bouquetins aperçues sur le sommet qui dominait le col des Roux, au-dessus du lac des Dix) – privilège d'être en relation avec un monde si fastueux. Chance inouïe d'en saisir la forme.

Quelle mauvaise solitude, la nôtre, dès qu'est négligée cette donnée capitale : nous sommes des êtres en relation. Rien ou si peu lorsque nous nous replions en nous-mêmes, réduits à notre isolement narcissique, privés de la conscience de l'entour. Mais vastes comme l'univers quand nous déployons la pelote de nos mille tentacules délicats vers l'hors-de-soi. Gloire au cerveau si, cessant de le considérer exclusivement comme le siège d'une intelligence technique, on l'entend comme le réceptacle de l'univers, ainsi que le fait Emily Dickinson :

> Le cerveau – est plus spacieux que le ciel –
> Car – mettez-les côte à côte –
> L'un sans peine contient l'autre
> Et vous – de surcroît [1]

Nous sommes en train de prendre acte d'une modification dans la conception du sujet humain : il n'est pas seulement en relation avec les autres (humains) mais encore avec l'univers lui-même, depuis son souffle sur notre peau jusqu'aux plus lointaines étoiles, en passant par les montagnes, les fleuves et les bêtes. Inutile de s'attarder sur la juste dénonciation, maintenant courante, de l'homme maître et propriétaire de la nature : nous savons à présent combien, par les excès

1. « *Brain – is wider than the Sky – /For – put them side by side – /The one the other will contain*
With ease – and You – beside – », Emily Dickinson, « Le cerveau – est plus spacieux que le ciel », *in Une âme en incandescence. Cahiers de poèmes, 1861-1863*, trad. C. Malroux, José Corti, 1998, Cahier 26-632.

qu'elle a entraînés, cette croyance était néfaste pour la planète et donc pour nous. Sans compter que ces derniers temps, durant le triomphe de l'individu réduit à lui-même, oui, on avait fini par se sentir un peu seul, un peu coupé de tout. Or, voici que s'impose l'idée que nous sommes reliés à ce qui nous entoure, sachant gré à la beauté du monde de nous servir d'écrin.

On me dira : « *Écrin* ? N'est-ce pas encore trop nous prendre pour des bijoux ? » Bijou ce cerveau qui englobe l'univers. Bijou ce verbe qui nous permet de voir et de faire part. Bijou cette attention à la fragilité. Car dans la maison commune, tous ne sont pas égaux : seul l'homme a la puissance d'inventer de quoi détruire son environnement. Comme il a, aussi, celle de protéger le faible. Une lecture plus juste de Darwin [1] nous a appris que le naturaliste ne croyait pas que notre prééminence provînt d'une loi naturelle du plus fort qui nous plaçait au sommet de la hiérarchie des espèces. Au contraire, à partir du moment où il y eut une espèce et une société humaines, la nature a sélectionné certains

1. Patrick Tort, *L'Effet Darwin*, Le Seuil, 2008.

instincts cognitifs et sociaux comme l'empathie, l'altruisme et la solidarité : elle a éliminé l'élimination des plus faibles. La capacité de les protéger, de les inclure et de leur permettre d'exister a constitué le privilège et forgé la puissance de l'espèce humaine. « Puissance de la douceur. »

Ce souci de la fragilité, c'est sur la planète tout entière qu'aujourd'hui il nous échoit de le faire porter. Car ce non-moi, cet Autre, n'est pas un étranger – il est mon proche, mon horizon, mon entour et mon attachement. Il est aussi la source vive de notre chant, car l'humain sait répondre à la prodigalité de l'univers par la générosité du geste esthétique, il peut faire (*poiésis*) quelque chose de la beauté du monde quand il laisse son regard se déployer dans l'ouvert.

Montagnes, hautes solitudes où je me sens pourtant reliée comme jamais, montagnes dont la splendeur s'impose et dont l'immensité fait taire mes habitudes perceptives : enfin je *vois* vraiment, mon esprit fait silence et j'ai le sentiment de saisir le réel lui-même dans sa forme jaillissante, avant toute configuration par le langage. Alors, j'entre dans l'émerveillement, verticale, vivante, joyeuse.

Je termine ce petit livre en Grèce, devant la Méditerranée qui bat au-delà de la route, sous ma fenêtre, si claire que j'aperçois les poissons et, plus loin, une tortue marine qui monte de temps en temps respirer. Chaque jour, à partir de 11 heures, une assemblée de vieux Grecs, surtout des dames, un petit chapeau sur la tête, parfois une bouée sous les aisselles, enfoncés dans l'eau jusqu'au cou, viennent tenir salon. Ils bavardent en faisant du surplace. Comme je ne comprends pas un mot, leurs voix ne me dérangent pas.

De l'autre côté de la baie, le mont Parnasse dans le lointain. Plus près, trois ou quatre plans de montagnes gris-bleu – je distingue les ravines ombreuses du premier plan, devine le vert au second, puis tout se dilue dans la brume jusqu'aux nuages. Au fil de la journée, elles virent au mauve puis au brun. Ce matin, regardant le soleil en émerger, je me disais que les Grecs de l'Antiquité devaient eux aussi jouir de ces montagnes comme moi. J'en suis sûre. N'ont-ils pas choisi une région montagneuse du Péloponnèse, l'Arcadie, pour symboliser le lieu mythique du bonheur et de la paix ? Et les Chinois, continuais-je, les Japonais, n'ont-ils pas su merveilleusement représenter les montagnes ? Partout, constamment, les hommes jouissent des beautés de la Terre.

Car nous sommes accordés au monde.

Lectures montagnardes

REGAIN,
JEAN GIONO
(1930)

Regain : herbe qui repousse après la fauchaison ; renaissance de ce qu'on croyait disparu…

Giono a écrit le roman de la résurrection d'un village et de la renaissance d'un homme, Panturle, qui, en prenant femme, abandonne le statut de chasseur pour celui de paysan et initie ainsi le renouveau des terres et des maisons. L'histoire commence quand l'avant-dernier habitant quitte Aubignane, et elle se termine par l'annonce de la grossesse d'Arsule, tandis qu'une famille avec trois enfants vient s'installer dans le village où les terres moissonnées par Panturle se sont révélées plus fertiles qu'ailleurs.

Giono brode à partir d'un phénomène caractéristique de la fin du XIXe siècle et début XXe, l'exode rural. Le département des Alpes-de-Haute-Provence en a été particulièrement frappé : sa population, de 150 000 habitants en 1850, est tombée à moins de 100 000 après la Première Guerre mondiale. Giono, ayant assisté à cette hémorragie, a écrit un essai sur la désertification des villages de Haute-Provence : « Tout le long du XIXe siècle et pendant la première partie du XXe siècle, les villages de montagne de Haute-Provence et du Dauphiné se sont dépeuplés. Certains comme Redortiers (canton de Banon), qui avait eu en 1750 sept notaires, ne sont plus aujourd'hui qu'une tache blanche sur les contreforts de la montagne de Lure : toutes les maisons se sont écroulées et le vent en a emporté la poussière : il n'en reste strictement rien. » Il a connu le dernier habitant de Redortiers, un célibataire propriétaire de champs de lavande sauvage (ou berger ?). Puis il a vu le village désert avant que les ruines ne s'effondrent, et le spectacle fantastique l'a frappé – mais les pages de *Regain* qui décrivaient ce tableau ont finalement été supprimées de l'édition définitive. Dans le roman, Redortiers est devenu Aubignane.

Tout porte à croire que ce problème de la désertification affectait Giono. N'a-t-il pas écrit en 1953 la nouvelle *L'Homme qui plantait des arbres* ? On peut y lire le pur et jouissif fantasme d'un homme qui, à lui seul, replante une forêt où il n'y avait plus qu'un désert. Giono estime en effet que la plantation d'arbres est l'un des trois gestes premiers de la civilisation. Faire renaître, replanter…

Pour aller de Manosque à Banon, territoire qui correspond au nord-est montagneux de la Provence, on traverse deux plateaux, comme le font les personnages du roman. Dans l'article « Basses-Alpes » de l'atlas Larousse publié en 1900, on trouve une description peu flatteuse de ces lieux que je transcris car elle explique l'espèce de fantasmagorie qui domine souvent les visions de Giono : « Semées de rochers blanchâtres sortant, comme des ossements, d'un mince sol végétal où languissent des buissons, quelques fleurs de montagne et des arbres rabougris…, ces montagnes forment presque partout un effrayant désert qui n'aura bientôt plus d'habitants : c'est le Sahara sans le soleil de l'Afrique, avec les neiges de la Sibérie. » À partir de ces terres, Giono recrée une topographie inventée selon des critères très personnels (notamment les sonorités des noms) ou selon les besoins de son imagination romanesque, mais conforme à une dimension sauvage et désolée qui existe bel et bien.

Si l'on appelle *montagne* de Lure celle qui borde le plateau d'Albion, ce sont en fait des paysages de collines, soit de très basse montagne et surtout de plateaux. Mais d'une part, on l'aura compris, mon imaginaire de la montagne commence bas. Et je confesse que mon seul regret, quand j'ai quitté définitivement Marseille, a été de m'éloigner de ces collines-là… D'autre part, un plateau n'est pas une plaine – sur celui d'Albion, on pratique d'ailleurs des cultures de montagne –, et surtout, dès qu'on s'élève, qu'on quitte le « plancher des vaches », on entre dans un monde singulier, parfois inquiétant. Dans le passage narrant la traversée du plateau par le rémouleur, Giono a supprimé trois phrases qui éclairaient bien la dimension d'effroi métaphysique liée à ce lieu. Le rémouleur méditait ainsi : « Le plateau, c'est une meule, le ciel, c'est une meule. Ça tourne, ça fait son grain, nous on est “entre”. Ça fait peut-être de la farine d'homme. » C'est sur le plateau que la Mamèche, vieille Piémontaise qui a décidé d'offrir une femme à Panturle dans l'espoir de faire renaître le village, se présente comme un spectre effrayant qui détourne le rémouleur et Arsule de leur route. « Alors, on s'en est allé hors de la bonne route, dans des quartiers perdus où le ciel était collé si fort contre la terre qu'il fallait forcer de la tête pour passer entre les deux. » Ce détour les conduit vers Aubignane où Panturle, caché, admire Arsule lorsque, émue par l'appel du printemps dans son sang, elle sort ses seins de son corsage, vision qui décidera Panturle à l'enlever au rémouleur.

Giono a longtemps hésité pour le titre. Avant *Regain*, il avait choisi *Vents de printemps*. Ce vent, fréquemment mentionné dans son œuvre, est un vent panique, source de renouveau : il est l'une des manifestations du dieu Pan, terrifiante et érotique – voir la peur éprouvée par le rémouleur et sa compagne quand ils traversent le plateau, peur que connaît Giono pour l'avoir lui-même ressentie souvent « dans les paysages sauvages ». Et lorsqu'il évoque « la peur cosmique des choses », n'est-ce pas, effroi et beauté, une des versions du sublime, ce sublime lié à la montagne ?

Le vent de printemps, violent et sensuel, déclenche donc le désir de Panturle et d'Arsule (que leurs noms bizarres – des surnoms, mais où l'on entend aussi *Pan* – vouaient à se rencontrer). C'est ce vent qui est force de régénération, éveil des sens et des désirs, lui qui donne à la Mamèche le signal du départ pour aller chercher une femme pour Panturle. « Ça a changé depuis la tombée du jour : une force souple et parfumée court dans la nuit. On dirait une jeune bête bien reposée. C'est tiède comme la vie sous le poil des bêtes, ça sent amer. Il renifle. Un peu comme l'aubépine. Ça vient du sud par bonds et on entend toute la terre qui en parle. Le vent du printemps ! »

C'est donc grâce au « vent-chèvre » que va s'opérer le regain qui saisira l'homme et le village. Remise en état des champs, de la maison grâce à la femme, et promesse, puisque le roman se termine sur le constat de la grossesse d'Arsule.

*

On monte, on tourne, plus de village, plus de peupliers. Encore dix pas qui comptent, dix pas où tout est utile, l'épaule qui pèse en avant, la cuisse qui pousse, le pied qui fait ressort, la tête qui commande : encore un, encore un... Gédémus est aussi attelé à la charrette. Dix pas, et puis, pour revenir, c'est trop tard : les grands genévriers bouchent la route, derrière. On est en plein dans la terre libre. C'est le plateau : voilà le plateau !

Plat comme une aire c'est la prairie des nuages. Le sentier n'est plus qu'un petit ru sec jusqu'à l'os.

C'est au ras des yeux comme une grande mer toute sombre avec une houle de genévriers. Des genévriers, des genévriers. De larges corbeaux muets jaillissent de l'herbe et le vent les emporte.

Gédémus et Arsule s'en vont seuls. Le vent souffle à travers les montants de bois de la machine à aiguiser comme à travers la mâture d'une barque.

— On ne s'est pas trompé ?

— Non, marche ; ça va.

— Ça, là-bas, qu'est-ce que c'est ?

— Rien, un arbre, un arbre mort.

— Tu es sûr ?

— Eh ! oui, marche. Chaque fois qu'on est ici, tu as peur. Qu'est-ce que tu crois que c'est ? C'est un arbre, pas plus. Marche, je te dis.

Et, tout d'un coup, on se dégage de cette mer de genévriers. Dès l'orée du bois c'est la grande solitude de l'herbe. Un nuage s'est posé sur l'herbe, là-bas, au fond. Il monte. On commence à voir un petit liséré de ciel entre l'herbe et lui. Et comme ça tout bas qu'il est, il avance. À dix mètres là-haut, il passe, insensible et puissant.

L'ombre marche sur la terre comme une bête ; l'herbe s'aplatit, les sablonnières fument. L'ombre marche sur des pattes souples comme une bête. La voilà froide et lourde sur les épaules. Pas de bruit. Elle va son voyage. Elle passe. Voilà.

— N'aie pas peur, je te dis !

— Et ça, là-bas, qu'est-ce que c'est ?

— Où ?

— Ça, là-bas, droit dans l'herbe et tout noir, avec des bras on dirait ?

— Ça, c'est encore un arbre. Attends un peu. Je me demande si on ne s'est pas trompé. Il n'y a pas tant d'arbres que ça de ce côté. C'est bien un arbre mort pourtant. Qu'est-ce que ça pourrait être autrement ? Et on est bien dans la direction. Voilà, à notre droite, les sables de Chenerilles et, à notre gauche, là-bas, tu vois, le long dos de Lure et, devant nous, le pas de Pille-Chacun. C'est ça. Marche, c'est encore un arbre. Tu fais attention à tout aussi !

Maintenant ils sont dans le plein large. Le plein large ; il n'y a plus rien. Les bords transparents du ciel s'appuient de tous les côtés dans l'herbe.

*

Ils sont assis dans l'herbe haute. Le vent prend élan et les saute. Ils sont au calme. C'est bon. Sur ce plateau si plat, si large, si bien tendu au soleil et le vent on n'est à son aise qu'assis. La chaleur de la terre monte dans les reins ; les herbes sont là tout autour comme une peau de mouton qui tient chaud et qui cache. Quand on marche c'est le contraire : on a l'air d'être nu, tout faible ; sur cette grande étendue plate il semble que partout des yeux vous regardent, des choses vous guettent. Là, on est à son aise. On peut penser à autre chose ; on n'est pas toujours obligé de penser à cette terre plate et au vent qui s'y aiguise dessus.

Arsule mange aussi de l'ail. Sa tête dépasse les herbes ; elle regarde le grand plateau qui est sous le ciel comme un autre ciel renversé. Elle regarde, au-delà, une montagne qui est bleue comme de l'eau profonde, les herbes qui vont au galop on ne sait où. Elle regarde et, tout d'un coup, elle fait : oh ! oh ! deux fois et elle reste comme ça, la bouche ouverte avec du pain et de l'ail plein la lèvre.

— Quoi ?

Les yeux d'Arsule sont grands et blancs :

— Là !

Et elle dresse un peu son doigt.

— Eh bien ! quoi, là !

— Ça a fait : hop ! ça a monté au-dessus de l'herbe un moment, puis, hop, ça s'est baissé.

— Quoi ça a fait hop, quoi ?

Gédémus reste avec du saucisson à la main.

— L'arbre !

— L'arbre ? Tu es un peu malade ?

— Oui, l'arbre. Ce qu'on voit depuis ce matin. Cette chose noire avec tantôt une branche de ce côté, tantôt une branche de là. Cette chose que je t'ai dite trois ou quatre fois : « Qu'est-ce que c'est ? » et que tu as dit : « C'est un arbre, marche. » C'est là encore. Ça a fait : hop !

— C'est dans ton œil, bestiasse ; comment veux-tu qu'un arbre ça fasse : hop !

— Ça l'a fait ; c'est peut-être pas un arbre ?

— Et qu'est-ce que tu veux que ça soit ici dessus ?

— Je sais pas, moi, mais, ça a fait : hop, c'est sûr ; c'est pas dans mon œil, j'ai bien vu.

— Ne recommence pas avec tes histoires.

Arsule se tait mais elle ne mange plus. Elle a toujours ses grands yeux de pâquerette. Gédémus mange encore un peu, il la regarde en dessous et, comme il voit qu'elle ne bouge pas, il dit :

— Attends, je vais voir... Et il se dresse.

Il fait quelques pas dans l'herbe mais il se retourne et il dit :

— Tu ferais bien de me donner le couteau.

Il s'en va alors avec le couteau tout nu à la main. Il marche doucement en regardant de chaque côté comme s'il avait peur de mettre le pied sur un serpent.

Arsule se fait petite dans son nid d'herbe.

Elle lui crie :

— C'est là-bas.

Et elle lui montre l'endroit juste.

Il va à cet endroit juste :

— Si c'est là tu as rêvé ; il n'y a rien.

Il revient. On dirait qu'il a du souci. De temps en temps il regarde derrière lui.

Il quitte le couteau dans la boîte.

— Il n'y a rien ; pourtant, si tu te sens mal ici, partons, on finira de manger en route et on mangera encore mieux ce soir à la Trinité.

Sitôt debout et le pied dans la piste, il a fallu compter avec le vent. Il venait bien en face et il leur a plaqué sa grande main tiède sur la bouche ; comme pour les empêcher de respirer. Ils ont l'habitude ; ils ont un peu tourné la figure pour boire l'air sur le côté comme les nageurs et, de cette façon, ils ont pu aller assez loin. C'est pénible mais ça va. Alors, le vent s'est mis à leur gratter les yeux avec ses ongles. Puis il a essayé de les déshabiller ; il a presque enlevé la veste à Gédémus. Arsule tire la bricole et, pour ça, elle s'est penchée en avant. Le vent entre dans son corsage comme chez lui. Il lui coule entre les seins, il lui descend sur le ventre comme une main ; il lui coule entre les cuisses ; il lui baigne toutes les cuisses, il la rafraîchit comme un bain. Elle a les reins et les hanches mouillés de vent. Elle le sent sur elle, frais, oui, mais tiède aussi et comme plein de fleurs, et tout en chatouille, comme si on la fouettait avec des poignées de foin ; ce qui se fait pour les fenaisons, et ça agace les femmes, oh ! oui, et les hommes le savent bien.

Et, tout d'un coup, elle se met à penser aux hommes. C'est ce vent aussi qui fait l'homme, depuis un moment.

Gédémus monte en deux sauts jusqu'à la hauteur d'Arsule :

— Tu n'as plus rien vu ?

Il est inquiet, on dirait.

Arsule tourne vers lui un œil tendre et caressant :

— Non, plus rien.

Son corps est en travail comme du vin nouveau.

*

La porte est ouverte et il fait grand jour.

— Arsule, comment veux-tu qu'un pays comme ça nous fasse du mal, regarde-le, tiens, c'est pas beau, ça ?

Tout bleu d'iris, terre et ciel avec, à l'ouest, un bouquet de nuages ; le jeune soleil marche, enfoncé dans les herbes jusqu'aux genoux. Le vent éparpille de la rosée comme un poulain qui se vautre. Il fait jaillir des vols de moineaux qui nagent un moment entre les vagues du ciel, ivres, étourdis de cris, puis qui s'abattent comme des poignées de pierres.

— Ah ! on est de beaux soldats, l'un et puis l'autre. On a sorti la machine à aiguiser. Elle est là sur ses roues dans le droit fil d'un petit chemin. Elle va partir : Arsule est attelée. Le jour est beau comme une large pièce d'argent toute neuve.

— On n'a qu'à marcher vers le soleil et, dans deux heures on sera à la Pimprenelle. De là à la fin des rates il faut encore trois heures, mais c'est bon matin ; en tout comptant et une chose et l'autre, et la pause qu'on fera pour dîner et un bout de sieste pour remplacer le temps perdu cette nuit, on arrivera là-bas bien avant le soir. En tout comptant.

Mais il n'a pas tout compté, et on est parti.

Ce devait être vers le milieu du matin et Gédémus a tourné la tête pour regarder derrière lui. La Trinité est au fond des landes comme un petit tas de cendres froides. Un peu plus tard il a encore regardé et il n'y avait plus de la Trinité, il n'y avait plus que le ciel à la place. Alors, devant, il y avait du ciel, et du ciel aussi de chaque côté ; et, sous les pieds, il y avait ce sol poreux qui sonne comme un plafond de cave ; plus d'herbe mais des touffes de genévriers, tout arc-boutés. On était cette fois dans le grand large du plateau comme au milieu d'une mer.

Arsule s'est arrêtée.

— Ça vient de faire : hop, là-devant...

Gédémus se gratte la tête.

— Loin ?

— Non, là-devant.

Là-devant c'est l'herbe plate.

— Écoute, dit-il, tournons un peu à droite alors.

Alors, on s'en est allé hors de la bonne route, dans des quartiers perdus où le ciel était collé si fort contre la terre qu'il fallait forcer de la tête pour passer entre les deux.

Le matin les a trouvés blêmes comme des oiseaux nus. Ils étaient dans un creux d'herbes. Ils se serraient l'un contre l'autre. Quand le jour les a touchés ils ont levé la tête et les yeux qui n'ont pas dormi ont reconnu la terre. Au-dessus du plateau, il y a une petite vapeur qui monte comme une fumée.

— Je sais où on est, dit Gédémus, on est près d'Aubignane ; ça va pas mal, Arsule. Après, c'est Vachères. Ça va pas mal.

*

J'aime infiniment l'excipit, l'image de l'homme seul devant son champ, solidement planté dans la terre comme une colonne – je le vois toujours sur un fond de ciel immense –, verticalité qui s'élève sur l'horizontalité du haut plateau qui a porté tout le roman.

*

Maintenant Panturle est seul.

Il a dit :

— Fille, soigne-toi bien, va doucement ; j'irai te chercher l'eau, le soir, maintenant. On a bien du contentement ensemble. Ne gâtons pas le fruit.

Puis il a commencé à faire ses grands pas de montagnard.

Il marche.

Il est tout embaumé de sa joie.

Il a des chansons qui sont là, entassées dans sa gorge à presser ses dents. Et il serre les lèvres. C'est une joie dont il veut mâcher toute l'odeur et saliver longtemps le jus comme un mouton qui mange la saladelle du soir sur les collines. Il va, comme ça, jusqu'au moment où le beau silence s'est épaissi en lui et autour de lui comme un pré.

Il est devant ses champs. Il s'est arrêté devant eux. Il se baisse. Il prend une poignée de cette terre grasse, pleine d'air et qui porte la graine. C'est une terre de beaucoup de bonne volonté.

Il en tâte, entre ses doigts, toute la bonne volonté.

Alors, tout d'un coup, là, debout, il a appris la grande victoire.

Il lui a passé devant les yeux, l'image de la terre ancienne, renfrognée et poilue avec ses aigres genêts et ses herbes en couteau. Il a connu d'un coup, cette lande terrible qu'il était, lui, large ouvert au grand vent enragé, à toutes ces choses qu'on ne peut pas combattre sans l'aide de la vie.

Il est debout devant ses champs. Il a ses grands pantalons de velours brun, à côtes ; il semble vêtu avec un morceau de ses labours. Les bras le long du corps, il ne bouge pas. Il a gagné : c'est fini.

Il est solidement enfoncé dans la terre comme une colonne.

Regain, Jean Giono
(© Éditions Grasset & Fasquelle, 1930)

*

Dans l'existence, on transporte secrètement quelques images viatiques sans savoir exactement pourquoi. J'ai celle de la glissade de la montagne de pierre ponce dans le film *Kaos* des frères Taviani, dont j'ai parlé dans *L'Écriture du désir*, descente libératrice vers la mer turquoise, et j'ai celle-ci, encore plus mystérieuse, pour moi qui suis si peu enracinée et n'ai aucun rapport sentimental avec la terre. Peut-être : image de la Terre comme appui, d'où rejaillir.

Le Mur invisible, Marlen Haushofer (1963)

Fin avril, une femme accompagne sa cousine et le mari de celle-ci pour un week-end dans leur chalet : il s'agit d'un domaine de chasse, entouré de forêts, dans le massif montagneux autrichien. « Le chalet est situé dans une petite cuvette, à l'extrémité d'une gorge, sous les parois abruptes de la montagne. » Avec eux, Lynx, un chien élevé ici. Sitôt arrivé, le couple se rend au village et la narratrice finit par se coucher avant leur retour. Au matin, surprise et inquiète de se trouver seule, elle part à leur rencontre.

*

Quand j'atteignis enfin l'entrée de la gorge, j'entendis Lynx hurler de douleur et de terreur. Je contournai un tas de bois qui m'empêchait de le voir et je le trouvai assis en train de gémir. Des gouttes de salive rouge tombaient de sa gueule. Je me penchai sur lui pour le caresser. Il se serra contre moi en poussant des cris plaintifs. Sans doute s'était-il mordu la langue ou bien cogné une dent. Mais quand je l'encourageai à repartir, il mit sa queue entre ses pattes, se plaça devant moi et de tout son corps me força à reculer.

Je ne voyais pas ce qui pouvait lui faire si peur. À cet endroit, la route débouchait de la gorge et à perte de vue s'étendait, vide et paisible sous le soleil matinal. Agacée, je repoussai le chien et continuai à avancer seule. Heureusement que son manège avait ralenti ma marche car quelques pas après, je me cognai durement la tête et reculai en chancelant. Aussitôt, Lynx se remit à pousser des gémissements et à se presser contre mes jambes. Interdite, j'allongeai la main et je sentis quelque chose de froid et de lisse : une résistance lisse et froide à un endroit où il ne pouvait y avoir rien d'autre que de l'air. Je recommençai en hésitant encore une fois, et à nouveau ma main se posa sur la vitre d'une fenêtre. À ce moment, j'entendis frapper bruyamment et je regardai autour de moi avant de comprendre que c'étaient mes propres battements de cœur qui retentissaient à mes oreilles. Mon cœur avait eu peur avant que je le sache.

Je m'assis au bord de la route sur un tronc d'arbre et j'essayai de réfléchir. Je n'y parvins pas. C'était comme si toute pensée m'avait subitement abandonnée. Lynx s'avança vers moi en rampant et sa salive sanglante se mit à tomber goutte à goutte sur mon manteau. Je le caressai jusqu'à ce qu'il se calme et nous restâmes là tous les deux, les yeux sur la route qui s'étendait tranquille et lumineuse sous la lumière du matin.

Je me relevai trois fois pour vérifier qu'à trois mètres de moi existait vraiment quelque chose d'invisible, de lisse et de froid, qui m'empêchait de continuer mon chemin. Je me dis qu'il devait s'agir d'une illusion des sens, mais je savais bien qu'il n'en était rien. N'importe quoi d'un peu aberrant m'aurait paru plus facile à accepter que cette terrible chose invisible. Pourtant la gueule de Lynx continuait à saigner et la bosse de mon front commençait à me faire mal.

*

Un mur donc, comme elle le nomme tout de suite, un mur invisible. L'imaginaire du mur ne surprendra guère dans un livre autrichien publié en 1963 (qui a d'ailleurs pour titre allemand le simple *Die Wand*) : le mur de Berlin a été érigé en 1961, résultat de la guerre froide qui se déploie sur fond de crainte de la bombe. « À cette époque, note la narratrice, on parlait beaucoup d'une guerre atomique et de ses conséquences. » De l'autre côté du mur, dans la ferme voisine, un homme appuyé contre la fontaine, au bras levé vers son visage – pétrifié. Sinon, personne. De ce côté, les oiseaux qui viennent régulièrement se fracasser contre le mur invisible. On ne cherchera pas à comprendre pourquoi ce mur invraisemblable est là (la narratrice se l'interdit aussi) ni comment il se termine en hauteur : puisque la neige, la pluie et le soleil rythment les saisons, il doit bien y avoir un endroit où le ciel à l'intérieur du mur communique avec l'extérieur et donc avec le rayonnement atomique – mais je suis trop vétilleuse. La fiction est la fiction.

Cette robinsonnade post-apocalyptique est rapportée par la narratrice (sans nom) qui annonce, dès les premières pages, qu'elle a entrepris ce récit au bout d'un couple d'années, à partir des notes de son agenda, pour conjurer la peur et la folie. Il s'agit pour elle, comme pour Robinson Crusoé, de survivre en utilisant toutes les ressources laissées par la civilisation et en en créant de nouvelles (élever des animaux, planter des pommes de terre et des haricots, récolter des baies). La limite est pourtant toujours là : elle sait qu'elle a pour cinq ans d'allumettes, après quoi elle mourra probablement de froid et de faim. Reste un espoir obstiné, le même qui, enfant, lui faisait espérer ne jamais mourir, espoir comme « une taupe aveugle qui cachée en [elle] couve sa folie ».

Dès le début, elle travaille d'arrache-pied, car le travail est maîtrise et donc signe d'ordre dans ce monde où a triomphé le chaos des hommes : « C'était une occupation fatigante et à force de me baisser, mon dos me fit bientôt mal. Mais j'étais en proie à l'idée fixe qu'il me fallait, autant que je le pouvais, finir ce travail. Il me tranquillisait et mettait un semblant d'ordre dans le grand désordre qui s'était abattu sur moi. » On remarque, tout au long du récit, les notations très réalistes à propos de son corps, qui souffre, se fatigue et s'use.

Comme bien des Robinsons de l'histoire littéraire, à commencer par celui de Defoe, elle développe une vie intérieure très riche et des réflexions puissantes sur la folie humaine, le sens de l'existence, la condition des femmes, l'éducation trop abstraite ou la nature de la réalité. Elle note ses transformations, intimes et intellectuelles, et se remémore le passé : « J'ai tout le temps nécessaire pour réfléchir et peu à peu je parviendrai à dévoiler toutes mes ruses. […] Ma tête est libre, libre d'agir comme bon lui semble, si ce n'est que la raison ne doit pas l'abandonner, la raison dont elle a besoin pour nous maintenir en vie moi et mes bêtes. »

Les animaux sont à la fois une présence réconfortante et un souci très vif. Elle trouve assez vite une vache, qu'elle nommera Bella et qui donnera naissance à un veau, Taureau, et une chatte, arrivée un soir d'orage, qui mettra au monde plusieurs portées de chatons. Cette Robinsonne a peut-être même son Vendredi, si l'on considère que le fidèle Lynx, portant le nom d'un être qu'il n'est pas, peut bien en figurer un troisième – un jeune homme sauvage. Lynx est mort au moment où débute le récit. Que lui est-il arrivé ? on ne l'apprendra qu'à la fin. Les animaux ayant besoin de ses soins, ils la clouent au chalet, mais c'est là sa condition de femme, le « fardeau » dont elle souffrira « aussi longtemps qu'existera un être, quel qu'il soit, qui [lui] aura été confié ».

« Je n'étais plus assez jeune pour envisager sérieusement le suicide. C'était surtout la pensée de Lynx et de Bella qui me retenait et aussi une sorte de curiosité. Le mur posait une énigme et j'ai toujours été incapable d'abandonner une énigme dont je n'ai pas trouvé la solution. » Cette curiosité reflète très exactement notre situation de lecteur qui se demande comment elle va s'en tirer, ce qu'elle va trouver, inventer, récupérer, supporter… Plaisir puissant et enfantin d'assister à l'organisation d'un monde miniature. Comme chez

Robinson Crusoé, on assiste aux multiples et menues tâches de la survie. Comment s'assure-t-on une existence vivable sans la société ? La nécessité la rendra bûcheronne, menuisière, agricultrice, éleveuse, pêcheuse, et le besoin de viande pour elle-même et surtout pour le chien se faisant sentir, elle deviendra même chasseuse, quoique avec répugnance, devant cette « vilaine affaire sanglante ».

La grande crainte des Robinsons est toujours de perdre leur humanité. La narratrice remonte donc toutes les montres, se « cramponne aux rares vestiges de l'ordre des hommes », car elle sait qu'en fait elle ne pourrait même pas tomber dans l'animalité, celle-ci échappant toujours à l'homme : « Un homme ne peut jamais devenir un animal, il passe à côté de l'animalité pour sombrer dans l'abîme. » Car la grande question de la robinsonnade, c'est d'être capable, en l'absence de toute société, de conserver en soi la civilisation, même si le récit post-apocalyptique, à rebours du fol optimisme du roman de Defoe, dénonce une civilisation qui n'a su conduire qu'au désastre. Parce qu'il s'agit de maintenir ces valeurs civilisationnelles intactes, la narratrice se lave, nettoie la maison et son linge, afin de ne pas « cesser d'appartenir au genre humain ». En revanche, sa féminité a disparu. Ridée, très maigre dans un corps musclé, elle a fini par ressembler « davantage à un arbre qu'à un être humain, une souche brune et coriace ». Devant l'obligation de la survie, le sentiment d'appartenance à un sexe se dissout, elle acquiert « le droit d'oublier [sa] condition » et n'est plus qu'un être humain agissant : « Parfois j'étais une enfant qui cherchait des fraises, puis un jeune homme qui sciait du bois, enfin, assise sur le banc, Perle sur mes genoux en train de contempler le soleil, je devenais quelqu'un de très âgé, sans sexe défini. » Évidemment.

Ayant terminé son installation dans le chalet, elle décide de profiter d'un alpage, situé à quatre heures de montée, pour y passer l'été avec ses bêtes. Thème récurrent des robinsonnades : si petit que soit l'univers habité, réduit à une île ou à une montagne entourée d'un mur, il y a toujours un ailleurs désirable.

*

Après la première semaine passée à travailler dans ma maison et à l'étable ou à ramasser du bois mort, je décidai d'explorer un peu les environs. La cabane de l'alpage et les larges prés verts qui l'entouraient se trouvaient dans une cuvette, entre deux montagnes escarpées que je ne pouvais songer à escalader car j'étais sujette au vertige et ne me sentais pas capable d'escalader les sentiers des chamois. J'allai donc revoir le point de vue et de là inspecter la région avec mes jumelles. Jamais je ne vis s'élever une fumée, jamais le moindre mouvement sur une route. D'ailleurs les routes ne se distinguaient déjà plus très bien, elles étaient sans doute recouvertes en partie par les mauvaises herbes. Je me servis de la carte routière de Hugo pour m'orienter. Je me trouvais à l'extrémité nord d'un massif montagneux qui s'étendait vers le sud-est. J'avais déjà exploré les deux vallées qui, de l'endroit où j'étais, conduisaient vers les Pré-alpes ; c'est dans l'une d'elles que j'habitais. Mais cette région n'était qu'une petite partie du massif. L'étendue découverte s'étendait loin vers le sud-est et je ne pouvais pas aller la reconnaître. Il ne m'était pas possible de m'éloigner longtemps de la maison et, même avec Lynx, une telle entreprise me paraissait trop dangereuse. Tout le massif était découvert, mais il ne devait comprendre que des réserves de chasse et il n'était pas libre d'accès, sans cela il y aurait eu en ce premier mai un grand nombre de promeneurs, qui se seraient heurtés à moi depuis longtemps. Pendant des heures, j'étudiai la croupe des montagnes et l'entrée des vallées qui s'étendaient devant moi, sans découvrir la moindre trace de vie humaine. Ou bien le mur traversait le massif ou bien il n'y avait vraiment que moi dans ce massif. Cette dernière supposition, assez improbable, n'était pas impossible. La veille d'un jour de fête, tous les bûcherons et les gardes-chasse avaient pu rester à la maison. Sans compter qu'il y avait dans ma réserve des cerfs que je n'avais jamais vus avant. Si jadis tous les cerfs me paraissaient identiques, j'avais appris en une année à distinguer mes cerfs des cerfs étrangers. Et il fallait bien que ces derniers soient venus de quelque part. Une partie donc du massif montagneux devait être restée libre. Sur les falaises calcaires, je voyais des chamois, mais pas nombreux car la gale avait fait des ravages.

*

On note que jamais ne la quitte l'inquiétude – et le roman lui donnera raison. Mais le temps sur l'alpage est une époque presque enchantée. Présente à l'ici et maintenant comme jamais, elle perd son ancien moi : « Quand mes pensées s'embrouillent, c'est comme si la forêt avait commencé à allonger en moi ses racines pour penser avec mon cerveau ses vieilles et éternelles pensées. [...] Il m'est parfois difficile, en écrivant, de maintenir la séparation entre mon moi ancien et mon moi nouveau, ce moi nouveau dont je ne suis pas sûre qu'il ne soit lentement aspiré par un nous plus grand que lui. » C'est l'alpage qui a permis cette transformation : « Dans le silence bruissant de la prairie, sous le ciel immense, il m'était presque impossible de rester un moi unique et séparé, une aveugle petite vie entêtée qui refusait de se fondre dans la grande communauté. » La montagne éveille un sentiment de l'existence plus large que l'ego étroit, une perception de la continuité du tissu du monde dans lequel nous sommes insérés, et de sa beauté.

*

Les nuits à l'alpage étaient toujours trop courtes. Je ne rêvais pas. L'air frais passait sur mon visage, tout me semblait facile et sans embûche et les nuits n'étaient jamais complètement sombres. Comme il faisait clair plus longtemps que dans la vallée, je passais les belles soirées assise sur un banc, enveloppée dans mon vieux loden, à contempler le ciel qui se teintait de rouge à l'ouest. Plus tard, je voyais la lune s'élever et les étoiles s'allumer dans le ciel. Lynx était couché à côté de moi sur le banc. Tigre poursuivait les papillons de nuit, petite ombre grise qui bondissait de touffe en touffe ; puis, fatigué, il s'enroulait sur mes genoux et se mettait à ronronner à l'abri de mon manteau. Je ne pensais à rien, je n'avais plus ni souvenir, ni peur. J'étais seulement assise, appuyée contre le mur de bois, en même temps lasse et éveillée, et je regardais le ciel. J'appris à connaître toutes les étoiles, même si je continuais à ignorer leurs noms ; elles me devinrent très vite familières. Je n'identifiai que Vénus et la Grande Ourse, toutes les autres restèrent anonymes, les rouges, les vertes, celles qui avaient des reflets bleus et les jaunes. Quand je fermais à demi les yeux, je voyais s'ouvrir les abîmes infinis entre des amas d'étoiles. De gigantesques cavernes noires derrière d'épais brouillards lumineux. Il m'arrivait d'utiliser les jumelles, mais je préférais contempler le ciel à l'œil nu. Je pouvais ainsi l'embrasser tout entier. La vue à travers les jumelles était plus confuse. La nuit dont j'avais toujours eu peur et que je combattais jadis en allumant toutes les lumières ne m'inspirait sur l'alpage plus aucune terreur. En fait, enfermée dans des maisons de pierre, derrière des persiennes et des rideaux, je ne l'avais jamais réellement connue. La nuit n'était pas du tout ténébreuse. Elle était belle et je commençais à l'aimer. Même quand il pleuvait et que le ciel restait caché par les nuages, je savais que les étoiles étaient là, les rouges, les vertes, les jaunes et les bleues. Elles étaient toujours là, et aussi pendant le jour quand je ne les voyais plus.

Lorsqu'il commençait à faire froid et que la rosée tombait, je rentrais dans la cabane. Lynx me suivait, à moitié endormi, et Tigre regagnait fièrement sa couche dans l'armoire. Je tournais mon dos contre le mur et je m'endormais. Pour la première fois de ma vie je me sentais apaisée, non pas contente ou heureuse, mais apaisée. Cela avait un rapport avec les étoiles et c'était en définitive parce que je savais qu'elles existaient vraiment. Pourquoi il en était ainsi, je n'en savais rien. Mais c'était ainsi.

Il semblait qu'une grande main ait arrêté l'horloge qui était dans ma tête. Et puis, très vite, c'était le matin, Tigre se promenait sur moi, la première lumière tombait sur mon visage et au loin dans la forêt un oiseau criait. Au début, le concert des oiseaux qui me réveillait dans la vallée m'avait manqué. Sur l'alpage les oiseaux ne chantaient ni ne gazouillaient, ils ne connaissaient que le cri, clair et dur.

Réveillée, je courais pieds nus à la rencontre du jour qui se levait. La prairie s'étendait, immobile, couverte de gouttes transparentes qui brilleraient de toutes les couleurs de l'arc-en-ciel quand le soleil se lèverait au-dessus de la forêt.

*

C'est moi qui relève quelques remarques « féministes » dans ce roman qui n'en comporte pas tant. Mais outre la description de ce que je nomme « la suspension du genre », la narratrice exprime plusieurs fois l'idée que la présence d'un homme jouerait sans doute en sa défaveur, car il tenterait de la soumettre et de l'exploiter. Imaginant une compagnie, elle note : « Si à présent j'avais envie d'avoir quelqu'un auprès de moi, j'aimerais que ce soit une femme âgée, intelligente et spirituelle avec qui je pourrais parfois rire. Car le rire me manque toujours autant. »

De fait, retournant passer l'été suivant sur l'alpage, c'est la survenue d'un homme qui apportera la tragédie. Alors qu'en septembre elle descend régulièrement travailler dans les champs de son chalet du bas et qu'elle y dort parfois, remontant un matin, elle trouve Taureau massacré à la hache par un homme inconnu qui a le temps de tuer Lynx avant qu'elle l'abatte sans hésitation d'un coup de fusil. C'est après s'être occupée de Bella, avoir constaté la mort du taurillon et du chien, qu'elle songe soudain à l'homme. « J'étais contente qu'il soit mort. [...] Je ne voulais pas vraiment le voir. Son visage était hideux. Ses vêtements sales et déchirés étaient bien taillés et dans un beau tissu. »

Le seul humain qui s'est présenté était un homme, et il a beau avoir été un bourgeois (beaux vêtements), il n'a apporté que la violence et la désolation. Robinson raté (sale, hirsute), il s'est décivilisé au point de n'avoir que ce geste absurde et énigmatique de semer la mort.

Il restera à la narratrice, de cet épisode funeste associé à la nouvelle expansion de son moi, une transformation de sa perception de la réalité. Car elle a maintenant acquis la capacité de la voir d'yeux dépouillés de l'habitude et du langage. La réalité s'est frottée à la mort, elle est la mort.

*

Au réveil, quand l'esprit est encore engourdi par le sommeil, parfois je vois des choses avant de pouvoir les classer et les reconnaître. L'impression est terrifiante et menaçante. C'est seulement quand je la reconnais que la chaise avec mes vêtements se change en objet familier. Un instant avant, elle était encore quelque chose d'entièrement étranger qui me donnait des palpitations. Je ne me prêtais pas souvent à ce genre d'expériences, mais il n'y a rien d'étonnant à ce que je les aie faites. Il n'y avait rien en effet qui aurait pu me distraire ou m'occuper l'esprit, pas de livres, pas de conversations, pas de musique, rien. Depuis mon enfance, j'avais désappris à voir les choses avec mes propres yeux et j'avais oublié qu'un jour le monde avait été jeune, intact, très beau et terrible. Je ne pouvais plus revenir en arrière, car je n'étais plus une enfant et je n'étais plus capable de sentir comme une enfant, mais la solitude me permettait parfois de voir encore une fois, sans souvenir ni conscience, la splendeur de la vie. Peut-être que les animaux vivent jusqu'à leur mort dans un monde de terreur et de ravissement. Ils ne peuvent pas fuir et doivent jusqu'à la fin supporter la réalité. Leur mort elle-même est sans consolation et sans espérance, une mort véritable. Moi, j'étais comme tous les hommes, toujours pressée de fuir et toujours empêtrée dans mes rêveries. Comme je n'avais pas vécu la mort de mes enfants, je m'imaginais qu'elles étaient encore en vie. Mais j'ai vu comment Lynx a été frappé à mort, j'ai vu la cervelle de Taureau jaillir de son crâne brisé, j'ai vu comme Perle avançait péniblement, une chose sans os, perdant son sang, et sans cesse je sens se refroidir dans mes mains le cœur chaud des chevreuils.

Cela, c'était la réalité. Parce que j'ai vu et senti tout cela, il m'est difficile de rêver en plein jour. J'ai une forte aversion contre les rêveries et je sens qu'en moi l'espérance est morte. Je n'en ai pas peur. Je ne sais pas si j'aurai assez de force pour vivre seulement en face de la réalité. Souvent, j'essaie de me traiter comme un robot : fais ceci et va là-bas et n'oublie pas de faire cela. Mais je n'y parviens qu'un court instant. Je suis un mauvais robot. Je reste un être humain qui pense et qui sent et je ne pourrai pas perdre l'habitude de le faire. C'est pourquoi je suis assise ici et écris tout ce qui s'est passé sans me soucier de savoir si les souris mangeront ou non ces pages. Ce qui importe c'est d'écrire et puisqu'il n'y a plus de conversation possible, je dois m'efforcer de continuer ce monologue sans fin. Ce sera le seul récit que je laisserai ; en effet, quand il sera achevé, il n'y aura plus dans la maison un seul bout de papier sur lequel écrire. Voilà déjà que je tremble en pensant au moment où il faudra que j'aille au lit. Ensuite je resterai les yeux grands ouverts jusqu'à ce que la chatte rentre et que sa chaude proximité me permette de trouver le sommeil tant désiré. Mais je ne serai pas pour autant hors de danger. Si je suis sur mes gardes, des rêves peuvent me surprendre, les rêves noirs de la nuit.

Le Mur invisible, Marlen Haushofer
(© Ullstein Buchverlag, 1963 et pour la
version française, Actes Sud, 1992,
trad. L. Bodok et J. Chambon).

*

Le roman se clôt sur une promesse : Bella est à nouveau grosse. D'un petit mâle ? se prend-on à rêver pour la narratrice. Ce serait l'assurance d'un renouveau et d'une perpétuation. Mais la Robinsonne des montagnes a épuisé son papier, nous ne saurons rien de plus.

La Force de l'âge, Simone de Beauvoir (1960)

Après deux romans, l'un de la renaissance et l'autre de l'exténuation, qui s'achevaient sur des visions de femme enceinte et de bête grosse, une autobiographie ; celle d'une femme libre.

Il y est question, à travers montagnes et collines, du désir de vivre et de la joie de la marche – de la marche en tant qu'elle témoigne de la joie. Quand on relit ces mémoires, c'est l'élan, l'allant qui frappent. Beauvoir ne cesse de rappeler à quel point elle aime le bonheur, le recherche et l'entretient. La marche en est comme le prolongement naturel.

En 1929, elle est nommée à Marseille où elle se retrouve seule, avec du temps libre les jours où elle n'enseigne pas. C'est l'occasion, fêtant sa jeune liberté et sa nouvelle autonomie, de partir explorer sans relâche les alentours – ces alentours si beaux qu'ils m'ont fait hésiter, je l'ai dit, à revenir vivre en Provence, après mes premières années parisiennes. Et relisant Beauvoir, je me prends à rêver, souvent, à ce qu'a dû être ce pays avant que la modernité ne le défigure...

*

Comme en Espagne, la curiosité ne me laissait pas de répit. De chaque point de vue, de chaque combe j'escomptais une révélation, et toujours la beauté du paysage surpassait mes souvenirs et mon attente. Je retrouvai, tenace, la mission d'arracher les choses à leur nuit. Seule je marchai dans les brouillards sur la crête de Sainte-Victoire, sur la chaîne du Pilon du Roi, contre la violence du vent qui précipita mon béret dans la plaine ; seule je me perdis dans un ravin du Lubéron : ces moments dans leur lumière, leur tendresse, leur fureur n'appartenaient qu'à moi. Que j'aimais, encore engourdie de sommeil, traverser la ville où s'attardait la nuit et voir naître l'aube au-dessus d'une bourgade inconnue ! Je dormais à midi dans l'odeur des genêts et des pins ; je m'accrochais aux flancs des collines, je me faufilais à travers les garrigues, et les choses venaient à ma rencontre, prévues, imprévisibles : jamais je ne me suis blasée sur le plaisir de voir un point, un trait inscrits sur une carte, ou trois lignes imprimées dans un Guide, qui se changeaient en pierres, en arbres, en ciel, en eau.

*

La volonté qui s'affirmait dans mes promenades fanatiques avait en moi de très anciennes racines. Jadis, en Limousin, au long des chemins creux, je m'étais raconté qu'un jour je parcourrais la France, peut-être le monde, sans manquer une prairie ni un bosquet ; je n'y croyais pas vraiment ; et lorsqu'en Espagne j'avais prétendu voir *tout*, je donnais à ce mot un sens très large. Ici, dans le rayon où mon travail et mes ressources me cantonnaient, la gageure ne paraissait pas intenable. Je voulais explorer la Provence plus complètement et avec plus d'élégance qu'aucun excursionniste chevronné. Je n'avais jamais pratiqué de sport ; je prenais d'autant plus de plaisir à utiliser mon corps, jusqu'aux limites de ses forces, et le plus ingénieusement possible ; sur route, pour le ménager, j'arrêtais autos et camions ; en montagne, grimpant à travers les rochers, dévalant des éboulis, j'inventais des raccourcis : chaque promenade était un objet d'art. Je me promettais d'en garder, à jamais, un glorieux souvenir, et, dans le moment même où je les accomplissais, je me félicitais de mes exploits ; l'orgueil que j'en tirais me contraignait à les renouveler : comment accepter de déchoir ? Si par indifférence ou caprice j'avais renoncé à une course, si je m'étais dit une seule fois : « À quoi bon ? » j'aurais ruiné tout le système qui haussait mes plaisirs au rang d'obligations sacrées. Souvent, dans la vie, j'eus recours à ce stratagème : doter mes activités d'une nécessité dont je finissais par être la proie ou la dupe : c'est ainsi qu'à dix-huit ans je m'étais sauvée de l'ennui par la frénésie. Évidemment, à Marseille, je n'aurais pas réussi à entretenir en moi cette rage de collectionneur si elle avait été le fruit d'une consigne abstraite : mais j'ai dit quelles joies elle me dispensait [1].

*

Je ne peux m'empêcher d'établir un parallèle entre son « avidité » à tout connaître, sa recherche du bonheur, et la marche : « Tout ce qui existait devait exister pour nous. Il est normal, étant donné l'infinité de cette tâche, que j'aie été sans répit en proie à des projets : chaque conquête était une étape à dépasser. Ce trait pourtant ne s'explique pas uniquement par l'immensité du champ que je voulais couvrir, puisque, aujourd'hui, j'ai renoncé à l'épuiser et que je n'ai guère changé : je projette. La contingence m'effraie ; en peuplant l'avenir d'attentes, d'appels, d'exigences, je prête au présent une

1. Cette description ne s'applique pas à mon seul cas, mais en général à toutes les manies. Le maniaque vit dans un univers totalitaire, bâti sur des règles, des pactes, des valeurs qu'il tient pour des absolus ; c'est pourquoi il ne peut admettre la moindre dérogation : elle lui découvrirait la possibilité de s'évader de son système, donc elle en contesterait la nécessité et tout l'édifice s'écroulerait. La manie ne se justifie que par une perpétuelle affirmation d'elle-même.

nécessité. Cependant, je l'ai dit, je connaissais des trêves : je contemplais. » Dans la voracité de son désir, j'entends à la fois l'expression de son immense énergie vitale, de son taraudant sentiment d'urgence, de sa liberté profonde et le principe même de la marche.

Tout ce volume de mémoires est traversé par les évocations accélérées de ses balades. Par exemple : « Chaque fois que j'avais quelques jours de liberté, je quittais Paris. À la Pentecôte, je me promenai dans le Morvan : je vis Dijon, Auxerre, Vézelay. Pendant la semaine des bachots, en juin, je partis pour le Jura. J'escaladai tous les crêts. Je me fatiguai tant que mon genou enfla et marcher devint un supplice. »

Ou encore : « Le 15 juillet [1939], je partis seule, et sac au dos, pour la Provence. Ce fut le plus beau de tous mes voyages à pied : le mont Ventoux, la montagne de la Lure, les Basses-Alpes, le Queyras, les Alpes-Maritimes. » Elle fait de si longues marches qu'ayant emmené un ami, Fernand, en deux jours elle l'épuise et il rentre grelottant de fièvre…

Bien sûr, il y a quelque chose d'irritant dans cette recherche du bonheur qui s'accompagne d'un certain aveuglement face au réel.

Honnête, elle qualifie Sartre et elle-même, si déconnectés de la réalité, d'« elfes ». Aveuglement, ou penchant pour l'abstraction qui se confirmeront souvent sa vie durant. Mais encore une fois, quelle énergie !

Il y a en elle la fougue de la jeunesse, quand on se croit immortel et tout-puissant, comme en témoigne ce petit accident dans les Alpes du Sud :

*

J'avais décidé de m'attaquer à une région plus haute qu'aucune de celles où je m'étais risquée à pied : Pagniez m'avait conseillé les alentours du col d'Allos. Partie à midi du Lauzet, je dormis dans un refuge au pied des Trois-Évêchés, dont au matin j'entrepris l'escalade ; le sentier promis par le *Guide Bleu* était presque invisible et bientôt je fus terrorisée par l'à-pic, en dessous de moi ; pour le fuir, je grimpai de plus en plus haut et le vide à mes pieds se creusait ; je m'arrêtai : par cette voie, le sommet était pour moi inaccessible ; mais je ne pouvais pas redescendre, pensai-je, sans me casser le cou ; je restai plaquée à la pente, le cœur battant. J'essayai d'avancer un pied : la fatigue, la peur me faisaient chanceler ; pour raffermir mon équilibre, je me délestai de mon sac qui tomba verticalement dans le vallon : comment l'y rejoindre sans me briser ? De nouveau, j'avançai un pied ; je m'acheminai, mètre par mètre, avec une extrême lenteur, il me semblait que je ne toucherais jamais le plat. Soudain, le sol me manqua, je glissai, m'agrippai aux cailloux qui roulaient avec moi. « Eh bien voilà ! me dis-je. Ça arrive, ça m'arrive : c'est fini ! » Je me retrouvai au fond du ravin, la peau de la cuisse arrachée, mais les os indemnes ; je m'étonnai d'avoir éprouvé si peu d'émotion quand j'avais cru frôler la mort. Je ramassai mon sac, je galopai jusqu'au Lauzet, j'arrêtai une auto qui m'emmena de l'autre côté de la montagne, au chalet-hôtel du col d'Allos où je m'endormis en me disant sombrement : « J'ai perdu une journée ! »

Je me rattrapai les jours suivants. Je marchai à travers de hautes montagnes où étincelaient des névés très blancs, à travers des plateaux dont tous les villages étaient abandonnés aux orties et aux serpents. La dernière nuit, je couchai sur un banc dans Riez endormi ; à l'heure où les tuiles des toits commencent à déteindre sur le ciel, je pris un car pour Marseille d'où je devais, avec Sartre et Bost, m'embarquer l'après-midi pour le Pirée.

*

Comme les vrais marcheurs, elle préfère être seule. Et quand Mme Tourmelin s'impose, il lui en cuit :

*

Elle m'annonça qu'elle partirait en promenade avec moi, le prochain jeudi, et je ne trouvai aucun moyen de l'en dissuader. Sac au dos, souliers cloutés aux pieds, classiquement équipée, elle voulut m'imposer l'allure classique des alpinistes : régulière et très lente ; mais nous n'étions pas dans les Alpes et je marchai à mon pas. Elle s'essoufflait derrière moi et je m'en réjouis malignement. Ce qui faisait le prix de ces excursions, c'était mon tête-à-tête avec une nature déserte, et ma capricieuse liberté : Mme Tourmelin me gâchait le paysage et tout mon plaisir ; je me mis, la haine me poussant, à marcher de plus en plus vite ; de temps en temps, je faisais une halte, à l'ombre, et dès qu'elle apparaissait, je repartais. Nous arrivâmes à des gorges ; il fallait suivre pendant quelques mètres une paroi assez abrupte, où aucun sentier n'était tracé, mais qui offrait des prises très faciles ; elle regarda l'eau bouillonnante du torrent et déclara qu'elle ne passerait pas par là : je passai ; elle décida de rebrousser chemin et de prendre à travers bois ; nous nous retrouverions à un village d'où partait en fin d'après-midi un car pour Marseille. Je continuai ma promenade dans l'allégresse ; j'arrivai de bonne heure à notre rendez-vous et je m'assis avec des journaux, au café de la grand-place. Le dernier autobus s'ébranlait à 5 h 1/2 ; j'y étais déjà installée quand à 5 h 32, j'aperçus Mme Tourmelin, haletante, qui adressait au chauffeur des signaux affolés. Elle s'assit à côté de moi et ne desserra pas les dents jusqu'à Marseille ; elle me dit, à l'arrivée, qu'elle s'était perdue. Elle se mit au lit et y resta six jours. Le médecin lui interdit de plus jamais me suivre dans mes courses.

*

Cette solitude désirable, je l'ai dit, a toujours été contrariée chez moi par la peur. C'est une question que Beauvoir a balayée d'un geste négligent – et optimiste. Peut-être plus juste que ma crainte ?

*

Il y avait un danger contre lequel mes collègues m'avaient amplement mise en garde ; mes randonnées solitaires défiaient toutes les règles et elles me répétaient d'un ton pincé : « Vous allez vous faire violer ! » Je me moquais de ces obsessions de vieilles filles. Je n'entendais pas affadir ma vie par des prudences ; d'ailleurs, certaines choses – un accident, une maladie grave, un viol – ne pouvaient tout simplement pas m'arriver à moi. J'eus quelques démêlés avec des camionneurs, avec un commis voyageur qui voulait me convaincre d'aller m'ébattre avec lui dans le fossé et qui me planta au milieu de la route : je n'en continuai pas moins à pratiquer l'auto-stop. Un après-midi, je marchais vers Tarascon, au grand soleil, sur un chemin poudré de blanc, quand une voiture me dépassa et s'arrêta ; les passagers, deux jeunes garçons, m'invitèrent à monter : ils me conduiraient à la ville. Nous rejoignîmes la grand-route et au lieu de tourner à droite, ils prirent à gauche. « On fait un petit détour », expliquèrent-ils. Je ne voulais pas me rendre ridicule, j'hésitai ; mais quand je compris qu'ils se dirigeaient vers la « montagnette » – le seul endroit désert de la région – je ne doutai plus ; ils quittèrent la route et durent ralentir pour franchir un passage à niveau ; j'ouvris la portière, je menaçai de sauter en marche : ils s'arrêtèrent et me laissèrent descendre, assez penauds. Loin de me donner une leçon, cette petite histoire fortifia ma présomption : avec un peu de vigilance et de décision on se tirait de tout. Je ne regrette pas d'avoir longtemps nourri cette illusion, car j'y puisai une audace qui me facilita l'existence.

La Force de l'âge, Simone de Beauvoir

Remerciement à Fabrice Lardreau

Comme je le dis souvent, on voit à peu près ce qu'il en sera de l'avenir, mais on ne sait jamais ce que le passé nous réserve. Nous nous connaissions depuis longtemps quand, un jour, tu m'as proposé de faire un entretien à propos de la montagne pour un magazine spécialisé. J'ai accepté, légèrement surprise – oh, très légèrement, car j'avais dû te parler de montagne, à l'occasion, et d'ailleurs je l'évoquais souvent dans mes livres, mais chaque fois comme au détour d'une idée. Cet entretien, deux heures autour d'un bol de sashimis, m'a fait un effet extraordinaire : tu étais devenu l'aimant autour duquel l'abondante limaille de *ma* montagne affluait. J'en avais des choses à dire, ô combien ! Soudain, grâce à ton heureuse initiative et à notre dialogue, je prenais vraiment conscience que la montagne n'avait cessé de jouer un rôle considérable, comme un fil continu de ma pensée et de ma vision du monde. D'ailleurs, tu m'as fait remarquer que sur les murs de mon bureau, la plupart des tableaux et des dessins la représentaient. Je ne t'ai rien dit d'absolument nouveau pour moi : ce qui l'était, c'était la permanence et la cohérence du motif de la montagne dans mon univers mental, dont soudain je mesurai l'importance. Je me rappelle avoir eu l'impression, lors de notre première entrevue sur ce sujet, qu'à la faveur de notre dialogue s'ouvrait dans le bol d'eau une fleur de papier japonaise en forme de montagne. Finalement, l'entretien est devenu livre…

DU MÊME AUTEUR

ROMANS

L'Adieu à Stefan Zweig, « Points » n° P2951 (Première édition sous le titre *Dernières Promenades à Petrópolis*, Le Seuil, 1990).
L'Île au nadir, Quai Voltaire, 1992.
Trois Nuits d'un personnage, Stock, 1994.
Lent Delta, Verticales, 1998.
L'Homme qui jeûne, L'Olivier, 2006.
Entre les bruits, L'Olivier, 2009.
Nu intérieur, L'Olivier, 2015.

ESSAIS

L'Écriture du désir, Calmann-Lévy, 2000 (Prix de l'Essai de l'Académie française 2001), « Folio Essais » n° 566.
Le Sentiment d'imposture, Calmann-Lévy, 2005 (Grand Prix de l'Essai de la Société des gens de lettres 2005), « Folio Essais » n° 515.

La Bêtise s'améliore, Stock, 2007, « Agora » n° 387, Pocket.
La Tentation de Pénélope, Stock, 2010, « Agora » n° 386, Pocket.
Le Baiser peut-être, Alma, 2011, « 10/18 » n° 4738.
Le Goût du baiser, Textes choisis et commentés, Le Mercure de France, 2013.
Petit Éloge du désir, « Folio 2 euros », 2013.
S'émerveiller, Stock, 2017.

Récits

La Chair du temps, Stock, 2012 (Prix littéraire de la ville de Caen 2012).
Le Don du passeur, Stock, 2013.
Un chêne, Textes et photos, Le Vistemboir, 2016.

Esthétique et critique littéraire

Philosophies de la musique, 1752-1789, Klincksieck, 1990.
La Réception des opéras de Mozart, 1793-1829, Klincksieck, 1991.
Musique et Littérature au XVIIIe siècle, PUF, « Que sais-je ? », 1998.
Narrations de la vie intérieure, PUF, « Perspectives littéraires », 2001.
L'Œuvre *d'Émile Zola*, Gallimard, « Foliothèque » n° 104, 2002.

Table

Lectures montagnardes

Cet ouvrage a été mis en pages par

<pixellence>

Imprimé à Barcelone par:
BLACK PRINT

N° d'édition : L.01EBNN000563.N001
Dépôt légal : avril 2019